ドイツの使徒

聖ペトロ・カニジオの生涯

ホアン・カトレット 著
ホセ・マリア・カトレット 絵
髙橋 敦子 訳

教友社

もくじ

はじめに

聖ペトロ・カニジオ神父は16世紀のカトリック界にとって、きわめて重要な存在であった。彼は聖イグナチオ神父の最初の同志であった聖者ペトロ・ファーヴル神父の紹介で、イエズス会に入った。カニジオ神父は後に、ゲルマン諸国におけるカトリック信仰刷新の責任者となり、「ドイツの第二の使徒」と言われた。第一の使徒とは、中世の聖ボニファチオ（680～754年）のことである。カニジオ神父は少年向け、青年向け、成人向けと、3種類の小教理問答を著した。彼はカトリック教会の教えにきわめて忠実であり、人がどのような宗教的信念をもっていようと、その人に対して、人として敬意を払った。さらに、彼はイエスに対して深い親愛の情をもっていたことでも際立っていた。今もなお元気な前教皇ベネディクト16世の言葉によると、カニジオ神父は、その温和さと、愛情と、忍耐強さをもって、ドイツにおけるカトリックの刷新をやり遂げることができたと言う。

聖ペトロ・カニジオはまた、イエズス会を愛した模範的なイエズス会員であった。次に示す文章は、カニジオ神父が76歳で亡くなる少し前、老境に入ってから書いたものであるが、そこには、彼がいかにイエズス会のことを大事に思っていたかが示されている。

「私たちの主、イエス・キリストは、私がイエズス会に値しない者であるにもかかわらず、御子の会に迎え入れてくださったことに対し、御父に心から御礼を申し上げます。イエズス会に入会させて頂いたということは、たいへんなことで、私はそのありがたさを十分に味わうことができるようには決してなれないと思います。多くの人は、私がイエズス会に属していることを嘲笑しました。多くの人は、公《おおやけ》に、また、ひそかに、イエズス会すべてに不快感を抱き、イエズス会のことを、いわば、悪魔であるかのように、蔑《さげす》みました。私はイエスの名において、蔑まれ、カトリック教会の敵から、悪口を言われ、軽蔑されることを、幸せに思います。たとえ、私が血を流すようなことが起きたとしても、私はすべての人々が永遠に救われることを望んでいます」。

日本の若いイエズス会員、およびイエズス会に親しい方たちが、この偉大な使徒である聖ペトロ・カニジオ神父という人から、すべてのことを学んでいただきたいと心から願い、本書を捧げたいと思う。

２０１３年４月27日　聖ペトロ・カニジオ神父の祝日に

ホアン・Ｖ・カトレットＳＪ

第1章　幼年時代と青年期（1521〜1543年）

われらの主人公ペトロ・カニジオ神父は、1521年、オランダのナイメーヘンで生まれた。ドイツとの国境に近いナイメーヘンの歴史は、ジュリアス・シーザーにまでさかのぼる。シーザーはネルヴィー族を打ち破る前に、ナイメーヘンに陣地を置いた。後に、カール大帝（742〜812年）がナイメーヘンの丘の上に宮殿を建設し、そこで夏を過ごすのを好んでいた。ナイメーヘンのカトリック大学は、カール大帝の名前に因んで、カロリナ大学と呼ばれている。

1521年という年は、次の二つの理由で注目に値する。ペトロ・カニジオが生まれた1521年5月8日には、マルティン・ルターが、神聖ローマ帝国のウォルムスの勅令によって、国外退去措置を受けた。また、同じ1521年には、皇帝カール5世がハプスブルクの領土を二つに分割した。カール5世は、スペインとブルグンディアの遺産の土地（サヴォイとスイスの平原の大部分）に留まり、他方、オーストリア、ドイツ、およびその他の中央ヨーロッパに属する部分を弟のフェルディナントに譲った。

　ペトロ・カニジオの父はヤーコプ・カニスといい、町の市長であった。母エギディア・ヴァン・フーヴェニンゲンは裕福な家の出で、信仰深い人であった。ペトロ・カニジオはその夫婦の長男である。ヴェンデリーナとフィリパという妹が2人いた。この3人の兄妹はまだ幼いころ、母を失くした。父は再婚し、その相手の名は同じくヴェンデリーナ・ヴァン・デン・ヴェルクといい、ペトロ・カニジオたちの継母となった。彼女はその後4人の息子と4人の娘を授かった。親が裕福であったので、ペトロ・カニジオは何不自由なく成人した。

オランダの地図。ペトロ・カニジオはオランダのナイメーヘンで生まれた。

　ペトロ・カニジオはたびたび教会に行き、典礼が好きだった。ところがやがて彼は、自分で考え出した役にも立たない遊びに夢中になり、少年期を過ごした。彼自身がこのことを認めている。しかし、神を尊ぶ聖なる畏れの気持ちを抱くようになったペトロ・カニジオは、ラテン語を学ぶためにナイメーヘンの学校に行った。その学校は古いサン・エステバン教会の隣にあった。ペトロ・カニジオはそこで12歳のとき、ギリシャ・ローマ風の叙事詩をラテン語で詠《よ》んだ。

その後しばらくして、ペトロ・カニジオ一家はアルンハイムの町を訪れる。そこには継母の友人が住んでいて、ペトロ・カニジオたちに次のことを教えてくれた。つまりカトリック教会に、「イエズス会」という新しい修道会が生まれたというのである。ペトロ・カニジオはそのとき、自分がその修道会に入ることになろうとは、思ってもいなかった。

ケルン大学にて

1536年1月18日、ペトロ・カニジオが15歳になると、父は、カニジオをケルン大学に送った。ナイメーヘンからケルンまでは船で行けた。この二つの町をつなぐライン川を船で行けば、ケルンに行けたのである。ナイメーヘンはケルンの大司教区に属していた。ペトロ・カニジオはアンドレ・ヘルルという良い司祭の指導を受けることになった。この司祭はサン・ゲレオン教会の教区の家に住んでいたが、その隣に寄宿舎があり、カニジオはそこに住むことになった。この教会は、聖なる殉教者と称えられるコンスタンティヌス皇帝の母親ヘレナ（250～330年）が建てたものである。アンドレ・ヘルル司祭は、寄宿舎に入った若い学生に文学と哲学を教えて養成した。ペトロ・カニジオは同じレジデンスに住むニコラス・ヴァン・エスチェ神父を聴罪師として選んだ。ニコラス神父は優れた司祭であり、「共同生活の兄弟団」を母体とする「近代の信心（デヴォチオ・モデルナ）運動」の影響を受けていた。彼はペトロ・カニジオに、毎日、聖書を読むように勧め、黙想をすることを教え、またサンタ・バルバラのカルトゥジア会の修道者たちと連絡をとった。カルトゥジア会の修道者たちは、カニジオに良い霊的影響を与えるからである。同じ宿舎に住む同僚の中で、カニジオはロレンツォ・スリオと友達になった。ロレンツォは、カトリック教会と和解したプロテスタントの細

ケルンの大聖堂

工師の息子であった。ロレンツォとカニジオは、2人に与えられている部屋で、修道生活について、修道者たちと長時間にわたって話し合った。カルトゥジア修道会の修道者たちは、イエスの聖なるみ心への信心と、十字架上のイエスが受けた傷について、その大切さを2人に教え込んだ。

ケルン大学でカニジオは良い学生であった。１５３６年11月3日、1年間の勉強をしただけで、高等学校文学課程修了試験に合格したカニジオは、モンタノ学院に入学した。この学院はオランダ人やベルギー人のための学院で、ケルン大学と提携しており、そのカリキュラムは、パリ大学のカリキュラムに非常によく似ていた。１５３８年3月18日、ペトロ・カニジオは大学課程修了証書を受け取る。彼は2年後の１５４０年5月25日、19歳で、文学教師の学位を取った。

識別

19歳になったカニジオは、自分の将来の道を模索し始めた。神学、法律、医学の道があった。カニジオはためらうことなく神学を選んだ。それは彼にとって自明のことだった。問題は、神が彼に何を望んでおられるかであった。主は彼に何を望んでおられるか。「主よ、私にあなたの道を教えてください。私の人生の道を教えてください」。カニジオはいつもこのように祈っていた。

彼は司祭になりたかった。しかしそのためには、修道会を選ぶ必要があった。カニジオの親友ロレンツォはカルトゥジア修道会を選んだ。だがカニジオは決められなかった。もっと探さなければいけないと思っていた。カニジオはカルトゥジア修道会の生き方を愛していた。しかしなぜか心が落ち着かなかった。神学を学んでいた3年間、考え、祈り、模索した。父親の気持ちを慰めるため、ベルギーのルーヴァン大学へ教会法を学びに行ったこともあった。しかしカニジオは、教会法の道は、自分が真に求める使命ではないということに気づき、ケルンに帰った。

カニジオはずっと後になって、アウグスティヌスの『告白録』をまねて書いた『告白録』の中で、次のように述べている。あるとき、不思議な声が彼の耳に響いた。「見よ、すべての人々に福音を教えよ」と。その瞬間、カニジオは自分を使徒職に捧げる決心をし、貞潔の誓願を立てる準備をし始めた。

カニジオの『告白録』には次のように記されている。

「私が思うには、19歳のとき、あなたが私に霊感を与え、より完全なものを与えてくださいました。すなわち、私は自発的に、私の純潔をあなたに捧げ、その純潔を大切に思う者として、永遠の貞潔を守る誓願を立て、自ら自分を主と結びつけ、そのことについて後悔したことはありません。私の父は私にふさわしい裕福な結婚相手を紹介したり、司祭職をも推薦してくれました。その職は司教座聖堂参事会員と呼ばれるもので、もし、それを希望するなら、ケルンでも手に入れることができるというのです。父は長男として私の地位を高め、世間的名誉とかいうものを私に与えようと考えたのです。しかし、主よ、あなたが私を助けてくださいました。あなたが私に与えてくださる食物を苦いものに戻してくださったのは、私の精神を、より健全で堅実な食物で養ってくださるため、また、あなたのうちにあって、あなたの慰めの露によって潤《うるお》され、喜んで歌うことができるためでした。『わたしはあなたに依り頼みます。神の御言葉を賛美します。神に依り頼めば、恐れはありません。肉にすぎない者がわたしに何をなしえましょう（詩篇56・5）』。『わたしの神よ、わたしを敵から助け出し、立ち向かう者からはるかに高くおいてください（詩篇59・2）』。『主はわたしの力、わたしの盾（詩篇28・7）』、『主よ、わたしの魂はあなたを仰ぎ望み、わたしの神よ、あなたに依り頼みます（詩篇25・2）。』

私たちには、何百人という、最高に高貴で美しい乙女たちの模範があります。彼女たちは自分たちの生命よりも、純潔を大事にしていました。それなのにわれわれ男性は、肉に対する闘いを拒み、自分の身体で神の栄光を現さなければならない聖霊の神殿を汚すのですか（一コリント6・19～20参照）。『あなたはわたしを滅びから救い、……私の魂はあなたを賛美し、主の御名をほめたたえます（シラ51・12）』。『あなたに懇願する者、あなたに依り頼む者、あなたを褒め称える者、あなたのために闘う者を軽蔑されることはないでしょう。主よ、私たちのために行動をおこしてください（詩篇68・29参照）』。そしてあなたの御業とわれわれの独身生活の捧げものを、乙女たちの母であり、乙女たちの中で、もっとも優れた聖母が、創り主に捧げる宥《なだ》めの香りとして、（出エジプト29・41）捧げたように、選ばれた乙女と寡婦《やもめ》が、われわれと共に、あなたに捧げるのです。

しかし、なんと悲しく恥ずかしいことでしょうか。貞潔を守るという誓願を立てたにもかかわらず、肉において歩みながら、肉なしで生きることに絶望し、あなたの恵みを無視したり拒絶したりする（二コリント10・3参照）キリスト者がまだいるのです。主よ、どうか彼らを赦《ゆる》してください。彼らはまだ、あなたが愛してくださる方であり、貞潔の守り手であり、庇護者であることを知らないのです。そして、あなたが約束された真理よりも、自分の天性の弱さのほうを信頼しているのです。そして、霊の法を受けた後も、霊的というよりは、肉によって生きようとするのです（一コリント3・1～3参照）。このような人たちは、次に記されているような人でありつづけることはできません。すなわち、『キリスト・イエスのものとなった人たちは、肉を欲情や欲望もろとも、十字架につけてしまったのです（ガラテヤ5・24）』。」（『告白録』、Ⅲ）

ペトロ・ファーヴル神父の肖像

ペトロ・ファーヴル神父との出会い

1543年、1人の若い司祭が勉強をするためにケルンのモンタノ学院に着いた。それはカタルーニャ地方の副王であったフランシスコ・デ・ボルハの前の聖堂付き司祭であったアルバロ・アルフォンソ神父であった。彼はペトロ・ファーヴル神父（1506〜1546年）の推薦によってイエズス会に入会した人である。彼は他の同僚と共に勉強するために派遣されてきた。アルフォンソはカニジオと親交を結び、彼に新しい修道会について教えた。ペトロ・ファーヴル神父は、イグナチオ・デ・ロヨラ神父の最初の同志であり、何か月か前から、すぐ近くのマインツに住んでいた。ペトロ・ファーヴル神父の説教は、ラインの町で大きな反響を呼んでいた。

そこで、カニジオはすぐにマインツに引越しをしようと決断した。彼はイグナチオ同志に、自分の霊的な問題を相談しようと決心したのである。ライン川とその税関を通って引越しをするには、3日間かかったが、そんなことは問題ではなかった。ペトロ・ファーヴル神父はペトロ・カニジオを温かく迎え、教区にある自分の質素な住居に住まわせた。ファーヴル神父とカニジオは長時間話し合った。その結果、ファーヴル神父はカニジオに向かい、1か月の霊操を体験してみないかと誘いかけた。そしてファーヴル神父自身がカニジオの霊操の指導をしようと申し出た。カニジオは霊的な道において初心者ではなかった。ニコラス・ヴァン・エスチェ神父とカルトゥジア会員たちが霊操についてよく準備をしてくれていた。それでカニジオは全霊をあげて霊操に入った。それが終わったとき、カニジオは友達に次のように書き送っている。「この霊操が私の人生に与えた強い影響について、あなたに伝えることは不可能です。私は全く違った人間になりました」。カニジオは1543年5月8日、22歳の誕生日に、イエズス会に入会する誓願を立てた。カニジオは『告白録』の中で、次のように述べている。「私は収税所の窓口に座っているかのようで、そこで神の明らかな声を聞いたとき（マタイ9・9参照）、私を呼ばれた方に抵抗すべきとも思わず、マタイのように立ち上がり、汚れたこの世に別れを告げた（マタイ2・14参照）。私はこれまで、さまざまな主人に奉仕できると思い、現世に自分を強くしばりつけていたが、そのひもを断ち切った」（マタイ6・24参照）。（『告白録』霊的遺言4）。

第2章　イエズス会員の養成（1544〜1546年）

特別な修練院

ペトロ・カニジオのイエズス会入会を認めるために、ペトロ・ファーヴル神父は時間をかけた。ファーヴル神父はイグナチオ神父の理想である「活動しながら観想する」ということを身につけた人であった。彼は対話の人と言われ、カトリックの人たちからも、プロテスタントの人たちからも愛されていた。彼はカニジオについて識別し、話し合い、祈り、そして最終的にカニジオを受け入れた。ファーヴル神父は彼をパリに送らないことにした。ケルンに修練院を創り、ファーヴル神父自身が修練長になることになった。勉学は続く。それは必要なことであった。カニジオはマインツからケルンに戻った。アンドレ・ヘルル神父の寄宿舎に戻り、モンタノ学院に復帰した。しかし、カニジオはすでにイエズス会員であった。ファーヴル神父はケルンに行き、1か月後、そこにイエズス会初の共同体を創設した。そこには2人のスペイン人司祭がいた。1人はホアン・デ・アラゴン神父であり、もう1人はモンタノ学院時代からの友達であったアルバロ・アルフォンソ神父であった。

1543年の降誕祭に、カニジオの父であるナイメーヘンの市長ヤコプ・カニスは病気になった。ケルンにいたカニジオはすぐにナイメーヘンに行き、父の痛みに寄り添ったが、ついに父はカニジオの腕の中で亡くなった。それは彼にとって非常に重い試練であった。生母エギディア・ヴァン・フーヴェニンゲンの大きな資産は、その時、子供たちであるペトロ・カニジオと、2人の妹の手に移された。親戚がそれを証言している。ペトロ・カニジオはナイメーヘンに残って、遺産を管理しなければならなかった。ペトロ・カニジオは自分に与えられた遺産の大部分を貧しい人たちに分け与えた。残りの遺産は、ケルンで必要を感じている大学の補助金として、またファーヴル神父がケルンに創った新しい共同体の兄弟たちを支援するために残された。継母と腹違いの弟妹たちは不満であった。カニジオは平静にこれらの事務を処理して、ケルンに帰り、ファーヴル神父の指導をつづけて受けた。カニジオは、祈りと、勉学と、病人の見舞いと、教育のない人々を教えることに献身した。1544年、修練者数は増えて、9人となった。

ところがケルン当局は、イエズス会の宿舎を閉じることに決めた。この町には修道院が多すぎるというのである。さらに、無名の知識人の中には異端もいる可能性もある。ケルンの大司教マックス・ヘルマン・フォン・ウィードは弱腰であった。そこで、カニジオは友人のところ、とくにカルトゥジア修道会を訪ね歩いて、イエズス会員追放の政令の実施を阻《はば》もうとした。しかし、イエズス会宿舎はほとんど完全に解体させられ、ケルンにはファーヴル神父と3人のイエズス会員しか残らなかった。そのような状況の中で、カニジオはまだ修練者であったにもかかわらず、副責任者と呼ばれるようになった。

ペトロ・カニジオは1544年に副助祭となり、同じくイエズス会員であるレオナルド・ケッセル神父とともに、司祭のいない教区の司牧を担当した。そこでカニジオは宣教を始め、その役務は彼の生涯を通しての奉仕となり、成功を収めた。彼が説教をするときには、大学の先生たちまで、カニジオの説教を聞きに来たほどであった。

1545年、カニジオはベルギーへ旅をした。おそらく徒歩で旅をしたのであろう。友人のニコラス・ヴァン・エスチェ神父に呼ばれたのである。エスチェ神父は当時、ディーストの貧しい修道女たちの修道院付き司祭であった。カニジオは500金貨を施しとして修道院へ持参した。カルトゥジア会が手仕事をして得た資金からの寄付金であった。ニコラス神父はカニジオがイエズス会に入会したことを知って不安になり、カニジオを説得できるだろうと思った。しかしカニジオはニコラス神父を慰め、落ち着かせた。2人はいっしょにベルギーのルーヴァンに行き、学生のための将来のイエズス会学院の基礎をつくった。ルーヴァンで、カニジオはコルネリオ・ヴィシャーヴェンと親交を結び、ヴィシャーヴェンはイエズス会の修練者となった。ケルンに帰ると、カニジオはドミニコ会の神父の家を借り、彼らの小さいグループはその家に移った。それは一軒の家で、部屋が五つあり、家の後ろには小さな庭があった。

聖イグナチオの最初の同志の1人である、ニコラス・ボバディーリャ神父がケルンに立ち寄ったとき、市当局者はボバディーリャ神父に対し、次の依頼をした。ペトロ・カニジオがずっと大学に留まれるように取り計らってほしい、そうすれば、彼は大学で教えるようになり、大きな成果をあげるだろうというのである。

誓願と大学の学位

1545年5月8日、カニジオはイエズス会で誓願を宣立し、修練期間を終えた。6月には神学学士の資格を得た。その少し後、教師の資格も得た。

ウォルムスの議会で（1521年から1549年まで継続）

ペトロ・カニジオがドイツにおける信仰について、最初に公的活動をしたのは、ウォルムス議会の1545年の会議に出席することであった。皇帝カール5世は、プロテスタントとカトリック双方が、それぞれに意見が異なる問題を解決するようにと希望した。アウクスブルクの枢機卿、オットー・フォン・トゥルクセスは、ケルンの大司教座の状況を知っている若い神学者、カニジオの出席を求めた。聖イグナチオの同志たち、クロード・ル・ジェイ神父や、ニコラス・デ・ボバディーリャ神父たちも、枢機卿の神学者として出席した。

ケルンにて

ケルンに帰ると、ペトロ・カニジオの仕事は急増した。「これまでの人生で、これほどやることが多かったことはない。自由な時間が全くない」と彼は書いている。

1545年8月、皇帝カール5世がケルンを訪れた。カトリック側の責任者たちは、大司教マックス・ヘルマン・フォン・ウィードが、ますますルターの改革派に傾いている困難な状況について、そのことを皇帝に説明してくれるようペトロ・カニジオに依頼した。カニジオたちは皇帝に望みをかけていたにもかかわらず、皇帝はほとんど何もしなかった。12月になるとあらためて、カニジオは憂うべき状況について、皇帝に説明した。

司祭叙階

1546年6月、ペトロ・カニジオは、彼の友人で、ケルンの補佐司教であるモンセニョール・ヨハネ・ネーペル神父の手から、司祭叙階を受けた。時にカニジオは25歳であった。

ペトロ・ファーヴル神父は1546年8月1日、ローマで死去した。まだ40歳の若さであった。ペトロ・カニジオ神父はファーヴル神父の死を8月半ばごろに知った。悲しみに打ちひしがれ、総長イグナチオ・デ・ロヨラ神父に次のように書き送っている。

「私の父、ファーヴル先生が帰天されても、私は泣くはずではなかったのですが、実際に先生が亡くなられたという知らせを受けると、打ちのめされてしまいました。私の悲しみは大きく、慰めを見出すことができません。どうか、神が私の弱さを支えてくださるよう、お祈りください」。

第3章　ドイツからイタリアへ（1547〜1549年）

ケルン大司教マックス・ヘルマン・フォン・ウィードが、皇帝カール5世に対抗して、シュマルカルデン同盟に入ることを決めた。これは大司教が異端になったことを意味する。その少し前、彼はローマから破門宣告を受けた。

カニジオ神父は、プロテスタント軍と皇帝軍との間に戦争が行われていたにもかかわらず、動いた。ケルンのカトリック側の責任者はカニジオ神父に対し、オーストリアのジョルジュのところへ行って、訴えてほしいと願った。ジョルジュは王子であり、リエージュの司教でもあり、大きな影響力を持っていた。彼はハプスブルク家の一員で、皇帝の叔父でもあり、このことは非常に重要であった。カニジオ神父はこの件を見事にやり遂げた。彼の友人たちはカニジオ神父のことを「もっとも有力で、もっとも勇猛な、宗教の擁護者」と呼び始めた。

皇帝カール5世はプロテスタント軍との戦いで勝利し、大司教フォン・ウィードは罷免《ひめん》され

トリエント公会議の挿絵よりとったもの

た。ケルンはカトリックの信仰を守った。ケルン当局の人々は「神のお陰、また、ペトロ・カニジオ神父のお陰だ」と言った。

トリエント公会議において

1545年12月13日、トリエント公会議が始まった。教皇パウロ3世が、期待と、反対と、外交上のかけひきとに悩みながらも、教書で公会議を招集してから10年が経っていた。

皇帝カール5世は、公会議をドイツで開くよう要求した。しかし、フランスのフランシスコ1世は、皇帝カールの統治が及ぶところで公会議を開くことを拒否した。スペインでの開催は不可能であった。そこで、教皇はイタリア領で開くことを希望した。ついにイタリア北部のトリエントの町が、不承不承《ふしょうぶしょう》ながら開催を受諾した。

トリエントは、オーストリアとイタリアの国境に位置するチロル地方の神聖ローマ帝国に属する村というか、小さな町であり、用いられる言語はイタリア語であった。

アウクスブルクの枢機卿オットー・フォン・トゥルクセスは自分の個人的代表として、クロード・ル・ジェイ神父を派遣した。ドイツ人の司教はいなかった。イエズス会員ル・ジェイ神父の態度が非常によかったので、後に彼らをドイツの司教団として認めることとした。その時からドイツ司教団は公会議に参加することになる。

1546年5月16日、別の2人のイエズス会員がトリエントに到着した。ディエゴ・ライネス神父とアルフォンソ・デ・サルメロン神父である。2人は聖イグナチオの最初からの同志であり、教皇が特任神学者として派遣した人たちである。会議において、2人が「義化」について行なった弁明は、とくに有名である。

1547年3月3日、若いカニジオ神父がトリエントに到着した。枢機卿フォン・トゥルクセスがクロード・ル・ジェイ神父を補佐するために、カニジオ神父をトリエントに呼びよせたのである。カニジオ神父は同僚たちに挨拶《あいさつ》をするとすぐに、仕事にとりかかった。彼はイエズス会の最初の創立者たちを知り、付き合うことができる幸せを感じていた。彼らのことを、最近亡くなったペトロ・ファーヴル神父のように思っていた。また、ル・ジェイ神父とボバディーリャ神父については、カニジオ神父は以前から知っていた。今や、ライネス神父とサルメロン神父とも付き合えると思うと、大きな慰めを感じた。

しかし、仕事はきついものであった。トリエントでは七つの会議がある。勉強しなければならないことも多く、それに演説もあった。書類は山ほどあり、さらに、緊張もある。教皇は一方の側に、皇帝は他方の側に座っている。親しい4人のイエズス会員のうち、2人は皇帝の神学者として、あとの2人は教皇の神学者となった。こういう状態に置かれて、彼らは仲介者にならざるを得ないことになった。

ボローニャにて

ペストのウィルスがトリエントに現れた。ローマ人たちはボローニャに避難することに決めた。皇帝カール5世は激怒して、教皇のことを「年寄りの石頭」とののしり、ドイツ人とスペイン人をトリエントに留まらせた。ル・ジェイ神父とカニジオ神父はドイツの枢機卿の代表として、トリエントに残らなければならなかった。しかし彼らは、友人やローマ教皇の神学者であるイエズス会の同僚らとともに、トリエントから出たかった。

何度も協議が重ねられ、外交的かけひきが用いられ、ついに公会議は、イタリア北部の町、ボローニャに移されることになった。

4人のイエズス会員はイタリアのボローニャを目指して旅をした。ル・ジェイ神父とカニジオ神父は許可証を手に入れ、あとの2人もパドゥアで追いついた。ところが、サルメロン神父がそこで病気になり、カニジオ神父がサルメロン神父の看護をして、のちに、2人はいっしょにボローニャに着いた。

ボローニャでは公会議の第8番目の会議が開かれた。テーマは秘跡であった。カニジオ神父は豊富な知識を駆使して、イタリア語で少なくとも5回は、自説を述べたが、皇帝の反対はつづいた。6月11日、公会議は、再開の日取りを決めずに（"sine die"）中止された。

3か月間、カニジオ神父はフィレンツェで、ライネス神父に付き添っていた。ライネス神父が町の聖堂で説教をするのを手伝った。カニジオ神父はフィレンツェの恐ろしいほどの夏の暑さに耐えかね、ドイツに戻りたいという希望を述べた。

聖イグナチオがカニジオ神父をローマに呼び寄せる

1547年9月、聖イグナチオはカニジオ神父をローマに呼び寄せた。彼を個人的によく知りたいと思ったのであろう。300㎞の旅はカニジオ神父にとって、きついものであった。彼はもっと温和な気候であるオランダやドイツに慣れていたからである。ローマについて、彼は「太陽の光が剣のように襲いかかる」と述べている。

ローマに着いたとき、聖イグナチオはカニジオ神父を抱擁して挨拶《あいさつ》し、自分の宿舎に留まるように取り計らった。

第三修練

聖イグナチオが個人的にカニジオ神父の指導者となった。第三修練はイエズス会の会憲によれば、「愛の学校」(Schola affectus) と呼ばれる何か月かの期間であり、イエズス会員養成の最後の修練であった。聖イグナチオは若いペトロ・カニジオ神父が、四つの誓願を宣立する準備をするようにと望んでいた。四つの誓願とは、清貧、貞潔、従順の三つと、さらに4番目として、誓願宣立司祭に委ねられた使命における教皇への従順が加えられた。聖イグナチオ神父はカニジオ神父に徳のあり方を修得させた。「霊操」の持つ徳性である。聖イグナチオ神父の指導は着実で愛情に満ちていた。

イタリアの地図

カニジオ神父が愛するドイツに帰りたいという希望を持っていることを考慮に入れてはいたが、それにはかかわりなく指導を行った。聖イグナチオはこれまでにも、謙虚さが求められる仕事をしたり、病院で患者に奉仕したりする経験があった。従順の徳は、聖イグナチオにとって、最も大切な徳性であった。それは物事を理解するときの従順さであったり、また、真に神を愛したい者が、身につけなければならない徳性でもあった。

メッシーナ学院

1548年2月、シチリアの副王ホアン・デ・ベガはイエズス会に対して、メッシーナに少年のための学院を開いてほしいという願いを述べた。聖イグナチオはこの願いを聞き入れた。イエズス会の「基本精神綱要」には、聖イグナチオ自身が少年の教育について触れている。学院は制度化された教育の場である。それはイエズス会の精神に適《かな》うものでもあった。

この最初の学院を開くために、聖イグナチオは、ローマのイエズス会の家に住む会員たちに問いかけた。全会員が「新しい学院を創設するための派遣に応じます」と申し出た。カニジオ神父が書いた返事をここに紹介してみよう。

「キリストにおいて尊敬すべき父であり、総長である師父イグナチオが簡潔に言われたことを、真剣に考えました。自分がどの選択肢を選ぼうとしているかというと、ローマのこの家に留まるように言われたとしても、シチリアへ、あるいはインドやその他の地方に派遣されたとしても、すべては同じことだと、心の中で思っています。もし、シチリアに行かなければならないときには、命じられるどのような仕事であっても、それについて私がよく知らない仕事、たとえば、料理人、庭師、門番の仕事とか、あるいはどのような科目の学生になることであっても、または教師として働くことであっても、それを喜んで果たすつもりでいることを率直に申し上げておきます。この2月5日から、私は神の御前《みまえ》で、これからは決して、家のこと、仕事のこと、その他、同じような、個人の都合に影響を与えるようなことであっても、自分の方から求めることはいたしません。ひとたび、そして永久に、そのような心遣いや気配りは、主において尊敬すべき長上である師父の手に委ねたのですから。私はこれらの事を完全に師父に委ね、自分の魂と身体の指導、それに自分の理解力と意志さえも、我らの主イエス・キリストに謙虚に捧げ、信じて委ねます。１５４８年、自筆にて署名。ナイメーヘンのペトロ・カニジオ」（書類7）。

聖イグナチオは9名のイエズス会員とともに、カニジオ神父を選び、教皇の祝福を受けるために、彼らを教皇のもとへ送った。カニジオ神父は教皇に挨拶《あいさつ》を述べる役目を委ねられた。教皇パウロ3世は30分ほど彼らと話し、祝福を与えた。

10名の同志たちは、１５４８年3月18日、ローマを出発し、馬でナポリまで行った。何名かの同志は馬に乗ることに慣れていなかった。カニジオ神父がケルンに滞在していたころ、知り合いだったドイツ人のコルネリオ・ヴィシャーヴェン神父は、山中の崖のある道で手綱さばきを誤り、落馬しそうになった。旅の途中でマリノに立ち寄り、病院に宿泊して、患者たちの告解を聴き、慰めを与えたり、奉仕をしたりした。その後、道中で、3人のモーロ人といっしょになったが、そのうちの1人は、チュニジアのチュエス王の親戚であった。彼はスペイン語をいくらか話せ、カニジオ神父にスペイン語で、「主の祈り」を教えてくれるまでになった。ナポリに着くと、カニジオ神父はケルンにいるイエズス会員のレオナルド・ケッセル神父に手紙を書き、サンタ・ウルスラの2人の殉教修道女の聖遺物をローマに送り、ローマからメッシーナに回送してくれるように頼んだ。その聖遺物はケルンの修道女たちが、イエズス会員に譲ってくれたものであった。カニジオ神父は聖ウルスラ殉教修道女に深い信心を抱いていたのである。

一行はナポリから船に乗ったが、幾分心中に恐れの気持ちがあった。というのは、当時は多くの人が聖ヨハネの黙示録に書かれていることを尊んでいたのであるが、黙示録の時代には、海は恐ろしいものと考えられ、天国の叙述から海が除かれていたほどであった。実際、アルジェリアのモーロ人の海賊は、地中海沿岸を徘徊し、海近くの住民の手を借りて、キリスト教徒を一網打尽に捕らえ、奴隷にする危険があった。また、嵐によって遭難し、海蛇に食べられる危険もあったのである。

ついに船は、シチリアのカラブリア地方にあるラ・スカレア港に着いた。フランシスコ会の修道士たちとメッシーナの貿易業者がカニジオ神父らを町まで案内した。4月8日には、全員がメッシーナにいた。マジョルカ生まれのヘロニモ・ナダル神父が長上であり、派遣されてきた10名の同志たちの健康と気力のことを気遣ってくれた。派遣された10人のイエズス会員の出身国は、フランス、スペイン、ドイツ、イタリア、ベルギー、オランダ、チロル、マジョルカの8か国に及んだ。全員が大学卒で、教える準備ができていた。シチリアの少年たちの教育は、アルファベットを教えることから始まった。カニジオ神父は大きな子供たちに、修辞学の初歩的な基礎を教えた。一見したところ、面白くなさそうで、カニジオ神父には役に立ちそうもなかったが、これは従順の徳の裏付けとなるもので、カニジオ神父にとってたいへん大切なものであった。時間があるときや、落ち込んだときなど、庭に出て休むこともあったが、彼の仕事はたいへんきついものであった。彼は次のように書いている。

「私は本心から従順ということを考えつづけている。自分の心に向かっても、他の事に心を奪われないようにと言い聞かせている」。

荘厳誓願

1548年12月の終わりごろ、バヴァリア（バイエルン）公爵ヴィルヘルム4世は、イエズス会の総長イグナチオ神父に手紙を書いた。公爵はインゴルシュタット大学の衰退を憂えていた。彼の友人クロード・ル・ジェイ神父は、ペトロ・カニジオ神父を公爵に推薦した。公爵はオランダ人のカニジオ神父をドイツに招きたいと強く主張した。公爵はそれを本気で望んでいたので、教皇にも手紙を書いた。

1549年5月、聖イグナチオはカニジオ神父に、ローマに戻ってくるように命じた。ローマに戻ったカニジオ神父に、イグナチオ神父は誓願宣立の準備をするようにと言った。9月4日、カニジオ神父は、ストラーダ街のサンタ・マリア教会で、聖イグナチオの手で、最終誓願を立てた。

カニジオ神父は彼の遺言書の中で、喜びに満ちたその時の印象を次のように記している。

「ある時には、私に見えないところで、つまり、底知れぬほど深い、私の至らなさの中で、おお、イエス、あなたは、あなたのうちに、またあなたによって、あのような恵みの奇跡を私に示してくださいました。その恵みとは、うぬぼれという非難を受ける危険を冒《おか》すのでなければ、誰もそれを明らかにしようとする人はいないでしょう。つまりそれは、あなたの名前を人々と王たちに届けるために、特別な器として私を選ばれた、ということです。たとえ、謙虚な気持ちで、それを知っていたとしても、誰がそれをあえて明らかに言うでしょうか。……聖なる救い主であるあなたは、あなたの聖なるみ心を半分開いて、私の視線がその中に沈み込むことを許してくださいました。あなたはそこで私に救いの水を飲ませるために招いてくださり、この聖なる泉の水を飲むように命じられました。その時、私の望みは大きく膨らみました。というのは、あなたのみ心から流れ出る信仰、希望、愛の流れが、私の魂の中に流れ込んだからです。私は清貧、貞潔、従順を渇望しており、物乞いのように、あなたによって、頭から足の先まで、洗っていただくように、また、あなたに着物を着せていただき、きれいに飾っていただくようにと、願いました。私は大胆にもあなたの優しさに満ちたみ心に近づき、そこで私の渇《かわ》きを癒《いや》していただきました。あなたは私に、平和と愛と忍耐とで織《お》ってある衣服を着せてくださり、私の裸の魂を覆《おお》ってくださいました。恵みと喜びのこの着物を身につけたことで、私には何も欠けたところはないこと、また、すべてのことはあなたの栄光を表わしていることを悟り、あらたに成長することができました」。

第4章　再びドイツに、その後、オーストリアに行く

（1550〜1555年）

インゴルシュタット

聖イグナチオはバヴァリア公爵の希望をかなえようとし、アルフォンソ・デ・サルメロン、クロード・ル・ジェイ、ペトロ・カニジオという大物の神父たちを派遣した。しかし、主な活動は神学を教えることであったので、師イグナチオは、3人の神父に対し、ボローニャ市で、博士課程の試験を受けるようにと命じた。彼らは準備をしてきたので、試験に合格した。枢機卿ジョヴァンニ・マリア・デル・モンテ（のちの教皇ユリオ3世）は3人にトーガという長衣を着せ、博士であることを宣言した。

しばらくして、3人はアルプス越えをして、バヴァリアへと出発した。冬が始まっていた。彼らは5日間、馬で進み、トリエントに着いた。ここで一週間休息した。スペイン人の司教た

ちはまだトリエントに留まっていた。皇帝カール5世の許可が下りないので、この町を出ることができなかったのである。教皇が公会議を中止させたことは問題ではなかった。皇帝には忠誠を尽くさなければならなかった。イエズス会員たちに対しては、誰もが優しかった。

彼らの旅は次の段階に入り、ディリンゲンに着いた。ここでアウクスブルクの枢機卿オットー・フォン・トゥルクセスは、3人の使節を心から迎え入れた。枢機卿はアウクスブルクに大学を創設する計画を持っており、ドミニコ会のペトロ・ソトを当てにしていた。ソトは皇帝の聴罪司祭であり、博学で聖なる人であった。もう1人の協力者はソルボンヌ大学の博士であるマルティン・オラベであり、彼はやがてイエズス会に入ることになる。枢機卿トゥルクセスが考えていた3人目の人物は、ペトロ・カニジオ神父であった。ところがカニジオ神父は、聖イグナチオ神父がインゴルシュタットに派遣することにしていたので、大学創設計画には参加する

ドイツとオーストリアの地図

ことができず、そのことがトゥルクセスを悲しませた。

3人のイエズス会員はディリンゲンからミュンヘンに行き、バヴァリア公爵ヴィルヘルム4世を訪問した。公爵は3人を丁重に愛情深く出迎えた。

1549年11月13日、彼らはインゴルシュタットに到着した。市当局の人たちは3人を救世主のように出迎え、大学の中心的な学院に配属した。その時、ペトロ・カニジオ神父は、とっさの思いつきで、感謝の言葉を述べ、インゴルシュタットで奉仕の任務についた。

カニジオ神父と他の2人の同僚は良い仕事をした。神学を教え、教会で説教をし、「霊操」を指導した。信仰を確認し、かなりの数のプロテスタントをカトリック教会に復帰させた。

学部の学生は少なかった。学校側のイエズス会に対する約束があったので、イエズス会員たちをそこに留めるようにしていたが、状況は複雑であった。

1555年9月25日に調印された、カトリックとプロテスタントとの間のアウクスブルクの平和協定に対して、カニジオと2人の同僚はできる限りのことをした。しかし、実際の状況は次のようであった。1530年のアウクスブルク議会の時から、カトリックとプロテスタント双方の神学者によって、次のことが準備された。それはカトリック・プロテスタント双方が仮信条協定（Interim）に署名し、その中で、プロテスタント側は、カトリックの義化について曖昧な表明をして、司祭の結婚を条件付きで認め、また、一般信徒が両形色による聖体拝領を受けることに同意した。この書類は1548年6月30日に署名されたのであるが、この協定についてでは、カトリック・プロテスタント双方とも、多くの者が納得しなかった。伝統的にカトリックのものであったバヴァリアでも、侵略者であるプロテスタントの高官がバヴァリア人であることが起こり得た。そうすると、その土地はプロテスタントのものとなってしまったのである。

1549年、11月26日、カニジオ神父は大学の大部分の教授を前にして、講堂で最初の講演をした。同じ月に、教皇パウロ3世が死去した。教皇は24000フロリンのお金を、大学の発展のためにと、バヴァリア公爵に遺贈した。ル・ジェイ神父は、このお金の一部は、イエズス会の学院創設のために用いられるものと確信していた。ところが、バヴァリアの高官であったバヴァリア・レオナルド・フォン・エックは、この件をすぐに解決しようとしなかった。1550年3月、公爵ヴィルヘルム4世が死去し、息子のアルバート5世が後を継いだ。亡父のヴィルヘルム4世はバヴァリアの宗教的状況を心配していたが、息子は音楽や美術、祭りやダンスのことだけを考えていた。イエズス会員たちがインゴルシュタットに到着してからすでに4年の歳月が流れた。イエズス会員たちは、イエズス会の学院をバヴァリアに創設するのかどうか、はっきりさせることにした。彼らはバヴァリアの新長官であるジョージ・ストック・ハンマーに明確な返事を求めた。ところが、新長官は何も対策をとらなかった。

聖イグナチオはインゴルシュタットから、ル・ジェイ神父とサルメロン神父を引き揚げさせ、ただ1人ペトロ・カニジオ神父に2人の若いイエズス会員を付けて、インゴルシュタットに残らせた。引き上げた2人のイエズス会員の補充要員となったのは、ニコラス・フロリス神父とペーター・ショーリッチ神父であった。1550年10月18日、カニジオ神父は大学の新学長に選出された。6か月交替制のこの役職は重要であった。カニジオはこの役職を誠意をもって務めたので、彼は後に副長官に任命された。

ウィーンにて

1552年2月、カニジオ神父は公爵アルバート5世に、イグナチオ神父が自分をウィーンに移動させる旨を伝えた。皇帝カール5世の弟であるフェルディナント1世は、オーストリアの王でもあったが、彼は最近創設され、イエズス会に引き渡された学院の創立のために、カニジオ神父に来てもらいたい、と強く願った。

公爵の懇請にもかかわらず、インゴルシュタットではまだ、イエズス会学院の創設の約束は果たされていなかった。公爵はカニジオ神父に、バヴァリアに残っていてもらいたいと希望したが、聖イグナチオの命令は決定的であり、カニジオ神父はオーストリアに向けて出発した。

余談になるが、王フェルディナントは兄である皇帝カール5世と対照的であった。カールは生まれが良く、オランダで教育を受け、根っからのボス・タイプの人で、命令することを好み、スペイン風の孤独な神秘家であった。一方、フェルディナントは、スペインで生まれて教育を受けたが、頭の先から足もとまでドイツ人になりきっており、陽気で明るく、格式張ったところがなく、客が来ると、寝室用の帽子を被り、外出用の長靴を履いたまま、客人を寝室にまで招き入れることもあった。この人はまた、模範的な夫であり、ハンガリー出身の愛妻である女王アナとのあいだに、3人の息子、12人もの娘に恵まれた。その子供たちは後に、ヨーロッパのそれぞれの宮廷に送られることになる。

カニジオ神父はドナウ川を4日かけて下った。ウィーンに着くと、そこでは宗教問題が非常に深刻であることがすぐに分かった。おそらく、バヴァリアより、もっと深刻であったであろう。国の自然の美しさと何と対照的であることか。精神的堕落は国中に広がっていた。貴族たちは反抗的であり、ルターの考え方に傾いていた。プロテスタントの牧師に見捨てられた人々は、無知のまま成長し信仰を忘れていた。

学院は悪習に対する良い解毒剤である。ペトロ・カニジオ神父は学長として、文法を学ぶ学生とともに活動を始めた。その方法は分かっていた。根気よく話し合いをし、相手の言うことに耳を傾け、聖体拝領をたびたび受けるよう、優しく励ますのである。

もう少し心構えができている人には、霊操を指導する。病院や刑務所を訪問する。四旬節に説教を行う。

昔はウィーンで有名だった大学は、いまは衰退していた。神学の教授は2人しかおらず、学生も20名ほどであった。クロード・ル・ジェイ神父はその大学を改革し、クラスを指導した。カニジオ神父はすぐにル・ジェイ神父と交替した。限りない忍耐力を発揮して、学生の水準を上げることに熱中した。

地方では状況はさらに憂うべきものであった。パッサウの隣の司教区では、254の小教区にカトリックの信者がほとんどいなかった。司教たちが言うには、カトリックの信仰を守っているのは、30人に1人、50人に1人だそうである。大多数の人々は異教徒となり、あるいはプロテスタントの考え方に共感を覚えている。司祭は独身制を守っていない。修道院は衰退し、修道者数も減って、たるんでいる。修道女たちの人数も減り、皆、年寄りになっていて、見捨てられている。この町に住むイエズス会員の小さなグループにとり、仕事量は途方もなく多かった。

1552年、イグナチオ神父は、何人かの若いイエズス会員を、ケルンからウィーンに移した。勉強させるためである。カニジオ神父の喜びは倍増した。彼は、誰もお金を出して買わないが、必要な神学の本を買った。彼は、「学院では図書館は聖堂と同じぐらい重要です」と、大胆にも言ってのけた。

学院のレベルは上がった。学生たちは期待に応えた。霊的生活は灰の中から復活した。学院は成長した。教育を受けるのは無料だったので、学生たちは引きつけられた。１５５２年には学生数は１００名であったが、翌年には３００名になった。秘跡が執《と》り行われた。日曜日のミサが復活した。そして司祭叙階も始められた。

ドイツ学院

ペトロ・カニジオ神父は主張した。彼はドイツを回復することはできると信じていた。カニジオ神父は聖イグナチオに手紙を書き、ドイツ人の司祭を養成するために、ローマに学院を創設する必要があることを、見事な論旨で述べ、イグナチオ神父を説得した。カニジオ神父は学生をローマに送ることができると述べた。そして、学生にとって、キリスト教的精神の中枢部で学ぶことが、いかに大切であるかを説いた。

聖イグナチオはカニジオ神父の主張を受け入れた。そして教皇や枢機卿からの援助を取りつけてくれた。カニジオ神父の戦略は非常にうまかったので、良い結果が出た。１５５４年、カニジオ神父はドイツとオーストリアの青年23名をローマに送った。

ウィーンの司教職

王フェルディナントはカニジオの評判の良さに動かされ、カニジオ神父に対し、空席になっていたウィーン司教職につくようにと勧めた。教皇大使も好意的で、司教座聖堂参事会の賛同も得たのであったが、カニジオ神父自身が断固として拒否した。教皇大使は言った。「神にこの件を捧げて、私に教皇大使としての権威の行使をさせないでください」。そこでカニジオ神父は聖イグナチオ宛てに緊急の手紙を書いた。「私を助けてください。この件を認めないでください。私のために祈ってください。司教職につかないで済むよう、あなたの影響力を及ぼしてください」。

その少し後、聖イグナチオの秘書であり、善き人であるホアン・ポランコ神父は、カニジオ神父に手紙を寄こした。「あなたの約束を守りなさい。約束した7回のミサを立てなさい。総長のお陰で、あなたは司教職の件から解放されました」。

ところが、ユリオ3世から小勅書が届けられた。その中では、教皇はカニジオ神父を教区の管理者に任命し全権を与える、とあった。教皇大使は自分自身で、その小勅書をカニジオ神父のもとに持参し、彼を安心させるために、カニジオ神父の役職は1年限定のものであると確約した。そこでカニジオ神父は、その役職を受ける気になった。教皇の願望は非常に強いものであった。またカニジオ神父に対するウィーンの関心も大きなものがあった。カニジオ神父にとって、自分の通常の役務の他に、聖堂で説教をする任務も加わった。彼の説教は明瞭で、力強く、愛に溢れていた。その結果は徐々に現れてきた。

一般人のための小教理問答

王フェルディナント1世の依頼により、カニジオ神父はカトリック信仰の『概要』を書く仕事を始めた。ローマではカニジオ神父が書いた『概要』をイエズス会の神学者たち、ディエゴ・ライネス、マルティン・オラベ、フルシウス、および、ホアン・ポランコ神父らが検討した。最初の版は1555年3月に出版された。引き続いて『概要』は版を重ね、その度に完全なものとなっていった。

『キリスト教教義概要』は、最初は青年たちに向けられたものであったが、次第にすべての人々に向けて書かれるようになり、それは成功を収めた。カニジオ神父は信仰を擁護する者となった。王フェルディナントはこの本を各学校に配布した。司教も、教区の信徒も、司祭もこの本を賞賛した。プロテスタントはこれを攻撃した。教皇はローマにあって、この本を推薦した。

カニジオ神父がこの本を書くための時間をどのように捻出したのか分からない。『概要』は『小教理問答』に変わり、幼児向け（信仰深い挿絵入り）、中・高校生向け、大学生向けの三つの版があった。質疑応答形式で、カトリックの教えが、簡潔に、聖書の言葉を用いて、明確に表明されており、論争を起こすようなものではなかった。最初の版は1555年に発行された。ルターの『公教要理』がプロテスタント改革のためのものであるのに対して、カニジオ神父が書いた『小教理問答』は、カトリック改革のためのものであった。カニジオ神父の『小教理問答』には、使徒信経、神の十戒、秘跡、主の祈り、アヴェ・マリアの祈り、起床の祈り、食前・食後の祈り、寝る前の祈り、時鐘の祈りが含まれている。対神徳（信・望・愛）、枢要徳（賢明、正義、剛毅、節制）、聖霊の賜物、キリストが山上の垂訓の中で説いた幸福および聖書の勧め、教会の戒律、正義と知恵についての質問などが記されている。最後には付録として、人間の罪の状態への堕落と義化について書かれている。この『小教理問答』は多くの言語に翻訳され、何度も版を重ねた。カトリックの教えを説く最上の教理問答書として、何世紀にもわたって、教会で用いられた。カニジオ神父の『小教理問答』は、聖人2人に大きな影響を与えた。その2人とは、聖アロイジオ・ゴンザガ（1550〜1568年）と、聖フランソワ・ド・サル（サレジオ）（1567〜1622年）である。

カニジオ神父は、プロテスタントには愛が足りないと言ったことは一度もなかった。すべての人々のために、プロテスタントの誤りを明らかにしただけであった。彼はプロテスタントの人々に対しても、愛をもって親切にすることができたが、同時に、プロテスタントが間違っていると思ったことに対しては、手厳しく、はっきりと反対した。司祭に対してカニジオ神父が勧めたのは、「傷つけるな、卑屈になるな、しかし、全霊をあげて、宗教を守るように」ということであった。

第5章　ドイツ管区長（1556〜1568年）

1556年6月7日、聖イグナチオはカニジオ神父を、オーストリア、ボヘミア、バヴァリア、チロルを含む全ドイツの管区長に任命した。この任命は、カニジオ神父が行ってきたすべての活動を聖イグナチオが評価し、カニジオ神父がこれからも情熱のすべてを傾けて、それらを推進するよう、励ましたのである。カニジオ神父自身はこの任命に反対し、聖イグナチオに次のような手紙を送った。「私には、とっさの機転、慎重さ、統治に必要な決断力が全く欠けているのです。私は傲慢で、生来慌《あわ》て者であり、その上、経験不足で、管区長職には全く向いていません」。しかし、聖イグナチオには、カニジオ神父がどのようにするかが分かっていた。

この時から始まる、カニジオ神父の疲れを知らない働きを逐一追っていくのは不可能とさえいえる。1555年から1558年の間だけでも、カニジオ神父は徒歩や馬で、10000㎞も移動した。30歳になるころまでには、後で計算してみると、ドイツ、オーストリア、オラン

チェコの地図、プラハ

ダ、イタリアなどを３０００㎞も歩いていた。働き過ぎではないか、と尋ねる者には、カニジオ神父は次のように答えた。「なすべきことが多い者は、神が助けてくださるので、すべてをやり遂げることができます。そして天国に行ったら休みましょう」。

プラハ

カニジオ神父は、王フェルディナントの助力を得て、ボヘミア（チェコ）の首都プラハに学院を開いた。この王国で自分はカトリックであると言えるのは、四つの都市においてだけであった。ローマへの従順を尊重する司教はいなかった。ここではフス派が優勢であり、教皇への忠誠を死ぬほど嫌っていた。フス派という異端は、カトリック教会に反対するボヘミアの最初の改革者であったヤン・フス（１３６９～１４１５年）に率いられていたが、教会論と聖体拝領について誤りを犯していた。

カニジオ神父はこの地でも支持を獲得し始めた。イエズス会員の1人がローマに次のように書き送っている。

「この北国の人々がどんなに、われらの管区長を尊敬していることか、それはすばらしいほどです。管区長はカトリック、フス派、プロテスタント、それにユダヤ人からも愛されています」。

インゴルシュタット学院

インゴルシュタットで、カニジオ神父は、長年の懸案であったが、なかなか実現しなかった学院創設を、ついに実現することができた。公爵ヴィルヘルム4世の息子である公爵アルバート5世が譲歩し、実現することができた。カニジオ神父は直感で、バヴァリアでは間違いなく、正当なキリスト教信仰が復活し始めるであろうと思った。神はバヴァリアを祝福された。聖イグナチオも同様であった。ローマの総長からの支援によって、ドイツでのキリスト教への召命は増えていった。

聖イグナチオの死

インゴルシュタットにいたペトロ・カニジオ神父は1通の手紙によって、1556年7月31日の聖イグナチオの死去を知った。「師父の旅立ちの知らせは私の心に悲しみをもたらした。私は泣いた。私は天国にいる師父に『おめでとう』と言いたいし、いつの日か、あのように偉大な父に会いたいと思う。師父は現世に生きている私を守ってくださった。天国に行っても、間違いなく、私を守ってくださるであろう。神は私が師父の大事な息子になることを許してくださったのだから」。

レーゲンスブルク議会

1556年暮れ、カニジオ神父は、有名な議会のあるレーゲンスブルクに移動した。彼は皇帝フェルディナントの個人的神学者として移動したのである。話し合い、説教、講演に明け暮れる日々がつづき、人々は彼を静かにさせておかなかった。

枢機卿トゥルクセスをはじめ、ほとんどのドイツの司教たちは、カニジオ神父に相談事を持ちこんだ。皇帝フェルディナントはカニジオ神父をいつも自分の側に置いていた。バヴァリア公爵とカニジオ神父は親友になった。

プロテスタント側は最初、カニジオ神父を恐れたが、しばらくすると、次第に打ち解けてきた。カニジオ神父は尊敬すべき存在であり、相手方に対しても卑屈になることはなく、彼はただ、ドイツとその教会に、宗教的な善だけを願っていた。

ローマにて

ペトロ・カニジオ神父はローマに旅をした。聖イグナチオ総長の後継者を選ぶ総会に出席するためであった。ところが、教皇とスペインとの間に戦争が起こり、そのために総会を開くことができなかった。しかしカニジオ神父は時間を無駄にすることなく、自分の用件を済ませた。まず、教皇と話し、祝福を受けた。次にドイツ学院を長期にわたって訪問したり、書物を購入したりした。

また、カニジオ神父は教皇とイエズス会総長代理とともに、皇帝がドイツで持ちたいと思っている対話集会について、意見交換をした。彼は率直に自分の意見を表明し、恐れずに反対意見も述べ、忠告はすべて受け入れた。

カニジオ神父は、かなりの人数のイエズス会員を、ドイツに連れて行った。カニジオ神父の管区では十分仕事があったからである。

ミュンヘンとインスブルック

バヴァリアの首都ミュンヘンは、いまやカニジオ神父が注目するところであった。学院実現のため、彼は努力を重ね、交渉をし、懇願し、ついに実現した。学院は現実のものとなった。カニジオ神父はそこに13名のイエズス会員を派遣した。首都にとってカニジオ神父はきわめて大切な存在であった。

インスブルックは次の目標である。ここはチロル地方の首都であった。この都市も重要な拠点であったが、ここでも待望の学院を創立することができた。仕事は厳しく、多くの困難があったが、ついに成功した。しかし、古い時代の修道会特有の義務がカニジオに押し付けられた。それは、ミサを捧げるときは、必ず歌ミサでなければならず、しかも合唱付きでなければならない、というものであった。しかし、カニジオ神父はイエズス会の会憲の定めに忠実であり、ミサでの共唱祈祷を拒否し、最終的にはカニジオ神父の主張が受け入れられた。

ウォルムス対話集会

1557年8月16日、カニジオ神父はインゴルシュタットからウォルムスの対話集会に向かった。この会議はローマ帝国皇帝フェルディナント1世によって招集されたものである。この旅行の途中、カニジオ神父はストラスブールの司教と、イエズス会学院創設について話した。

ディリンゲンでは大司教トゥルクセスが、カニジオ神父に対し、イエズス会員が大学の役職を引き受けてくれるよう懇請した。

対話集会は皇帝が招集し、選帝侯らがそれを受け入れ、カトリック側は恐れた。ペトロ・カニジオ神父は相談を受けた。カニジオ神父には対話集会の考え方が気に入らなかった。ドイツにおけるキリスト教信仰の回復のための方策にはならないと思ったのである。

カニジオ神父はいつものように、この件について識別をし始めた。祈り、検討し、長上たちの教えを思い起こし、教皇の忠告について黙想した。彼にはこの懸案について躊躇《ちゅうちょ》するところがあり、それをはっきりと口にした。しかし、最後にはそれを受け入れた。そして、大司教トゥルクセスもカニジオ神父と同意見であった。

1557年9月11日、朝7時に対話集会は始められた。演説者は12名、プロテスタントとカトリック、それぞれ6名ずつであった。カニジオ神父は最初の演説者であったが、彼の演説は成功を収めた。プロテスタント側の有名な神学者、フィリップ・メランヒトンの言によれば、教皇側にはカニジオ神父という、非常に優れたカトリック弁護者がいると述べた。

対話集会は12月に終わり、八つの会議があったが、プロテスタント側は内部で同意に至らなかった。真の結果はすでに明白であると思われ、これ以上討議を重ねる必要はなかった。プロテスタントとカトリックの各教会は、それぞれの信仰を持っており、福音宣教の道は異なっていた。カニジオ神父にはこのことが分かっていた。司教たちも同様であった。カトリックの信仰を守り、子供たちを教え、休むことなく、福音を宣教するために働くことが必要であった。

イエズス会総会

1558年5月の半ばごろ、カニジオ神父はローマに行った。7月には、イエズス会総会に参加したが、その総会で、ディエゴ・ライネス神父が聖イグナチオの後継総長に選ばれた。疲れを知らないカニジオ神父は、7月半ばにはヴァチカンに移動し、ウォルムスの対話集会について報告をした。また、皇帝フェルディナントにより、ウィーン司教に任命されそうな状況に置かれていたカニジオ神父は、皇帝と、教皇カラッファ、つまり、パウロ4世との間に平和が生まれるように努力を重ねた。彼はポーランドにも関心を向け、クラコフ市のポーランド議会に、教皇大使を派遣する旨を明らかにした。

ポーランド

教皇はポーランドに教皇大使を派遣することを承認し、カニジオ神父とローマ学院教授の1人が、その大使に助言することを決めた。教皇は2人に向かって、これは使命であると言った。教皇パウロ4世の命令には、どのような口答えも許されなかった。

8月になると、カニジオ神父と同僚の教授はローマを出発した。ウィーンには9月19日に着いた。彼らは皇帝フェルディナントの手紙をもって、クラコフまで旅をした。ポーランドの情勢は不穏であった。カニジオ神父は次のように記している。

「この国に必要とされているイエズス会が、この国にあればよいのにと思います。リトアニアやロシア、タタールの広大な領域も、あるいは、中国までとも言われますが、悪魔がそれらの地域を全面的に支配しているように思われます。イエズス会がこのように働くことによって、インド地方で得られた良い結果がふたたび実現することになるでしょう」。

ポーランド王セギスムンドは、2人のイエズス会員を迎え入れたが、彼らに対して冷淡であった。司教たちは良い人々であったが、神学については、あまり深い知識を持っていなかった。プロテスタントの考えに不安を感じている人はいなかった。

議会は何らかの成果を出して、1559年2月に終了したが、カニジオ神父にはあまり成果があったとは思えなかった。足りないところは、補うことが可能なときに、イエズス会がそれを補うことになるであろう。

アウクスブルク

カニジオ神父がポーランドから帰ると、皇帝フェルディナントは彼に、アウクスブルクの新議会に常駐の形で参加するようにと依頼した。アウクスブルクはドイツ政府の帝都であった。神聖ローマ帝国がどういう形の宗教をとるかが議会での議決にかかっていた。カニジオ神父はそれを識別するのに、後れをとってはならなかった。彼はアウクスブルクのイエズス会管区の統治を引き受け、当地に移動した。

アウクスブルクという町の宗教的状況は嘆かわしいものであった。しかし、それは障碍になるのではなくて、一つの挑戦であった。住民のうち、カトリックであると公言しているのは、人口の10分の1であった。枢機卿トゥルクセスを元の枢機卿の地位に戻すために、住民たちは大変な労苦に耐えなければならなかった。

カニジオ神父は毅然として、自分のするべき事を開始した。彼は大聖堂での正式な説教師としての任務を引き受けた。最初のころ、彼の説教に耳を傾ける人はごく僅かであった。しかし、次第に少しずつ、カトリックの信徒が参加し始め、プロテスタントの信徒も関心を示し、ときどき、カニジオ神父の説教を聴きに来るようになった。

1年が経つうちに、９００人の人がカトリックの教会に復帰した。四旬節にはさらに１００人が戻った。カニジオ神父は彼らに「霊操」を指導した。カトリック教会へ復帰する人は増え始め、その有り様は、あたかも小さな雪崩《なだれ》が起きたかのようであった。カニジオ神父に告解をしたい人は、昼夜を問わず、教会を訪れた。その噂はローマでも感動をもって伝えられ、新教皇ジョヴァンニ・アンジェロ・メディチ、すなわち、ピオ4世は、カニジオ神父に小勅書を送って、感謝の意を表したほどであった。

愛情深い管区長

夏になると、アウクスブルクの大聖堂の参事会員たちは、カニジオ神父に対し、説教をしないでもよいとの許可を与えた。そうは言ってもアウクスブルクでは、説教師としてのカニジオ神父を手放すことはできなかった。カニジオ神父は夏の休暇を利用して、イエズス会学院を訪問した。

プラハでは休むことができた。カニジオ神父は何人かのイエズス会員に対して、山に行って休暇をとるようにと義務づけた。他の2人の会員は故郷に帰した。プラハの町で修練院を開くことを決めた。修練者たちが大きな問題のある所の近くにいることは良いことであった。

ミュンヘンでは、イエズス会学院の新しい本部を祝福した。そこで働くイエズス会員が少ないことに心を痛め、カニジオ神父は人員を増強すると約束した。

インゴルシュタットでは食堂で奉仕をし、休息をとったりした。ウィーンでは、貧しい学生たちのための施設の基礎となるものを築いた。インスブルックでは、優柔不断でさまざまな不安をかかえた学院長に起因する共同体の諸問題の解決のために働いた。

どこにいても、カニジオ神父は勉強をし、自分の著書の新版のために準備をした。彼は何もしないでいることはできなかったのである。

トリエント公会議の再開

トリエント公会議の再開についての議論は1年以上も続いた。神聖ローマ帝国皇帝フェルディナント1世と、フランスのフランソワ1世および、スペイン王フェルナンド2世はそれぞれ独自の意見を持っていた。複雑な政治情勢が、宗教の世界にもつれ込んでいた。

1562年1月30日、トリエント公会議が再開された。公会議は最も重要な段階にさしかかっていた。最初の会議は「禁書目録」についての議論であった。

5月にカニジオ神父はトリエント公会議に呼ばれた。枢機卿ホシウスは特別に親愛の情を示してカニジオ神父を迎え入れた。彼は公会議の議長の1人であった。ディエゴ・ライネス神父とアルフォンソ・サルメロン神父も協力していた。「両形色の聖体拝領」に関するカニジオ神父の活動は忘れ難いものであった。

1562年6月20日、カニジオ神父はアウクスブルクに戻り、ふたたび、説教、小教理問答、霊操およびその他の役務に戻ったのであるが、公会議のことが彼の心中で生き続けていた。

公会議に反対する皇帝

皇帝フェルディナント1世は良きカトリック信徒であったが、ガリア主義（ローマ教皇の絶対権力に対し、ガリア、すなわち、フランスの教会の自主性を尊重する立場）の考えを持った人でもあった。熱心に平和を希求したが、あえて公会議を教皇の上位に置いた。また皇帝は、司教たちが決めた改革案に、教皇が従うように希望した。皇帝にとって、公会議の権威は教皇の上位にあったのである。それこそが「ガリカニズム」の本質であった。

1563年2月、皇帝はインスブルックに移動し、自分の周りに一群の神学者を置くという決定をした。その中にはカニジオ神父も含まれていた。皇帝フェルディナントはトリエントにおいて、自分の考えを確認し、それを公会議の出席者に押し付けようとした。カニジオ神父の要請によって、公会議はインスブルックに、平和の使者として、モンセニョール・コマンドーネを送った。カニジオ神父の立場はデリケートなものであり、少なくとも、心地よいものではなかった。教皇ピオ4世自身も不安を抱えていた。

カニジオ神父の才覚は信じられないほどであった。イエズス会はカニジオ神父を助けるために、ローマからヘロニモ・ナダル神父を派遣した。公会議の継続は危うくなった。インスブルックでの会議は何か月も続いたが、ついに前進した。教皇は、当時公会議議長に任命されたばかりの枢機卿ジョン・モロエを派遣することを決定した。会議は非公開であったが、カニジオ神父はその席にいた。皇帝の非難は容易ならないものであった。神学委員会の他のメンバーは、皇帝に対し、譲歩しないようにと助言した。会議に会議が重ねられ、カニジオ神父は必死に努力を重ね、ついに、皇帝フェルディナントに、教皇聖座の考えを受け入れさせることに成功した。枢機卿モロエが勝利した。同枢機卿には、彼がこのように勝利したのは、カニジオ、ナダル両神父に負うところが大きかったことが分かっていた。

トリエントの公会議はこのころ、何の問題もなく継続していた。1563年12月、枢機卿モロエが発した「行きましょう、平和のうちに」の言葉をもって、会期を無事に終えることができた。

皇帝フェルディナント1世の肖像

ディリンゲン

同じ年に、枢機卿オットー・フォン・トゥルクセスは、彼が創設したディリンゲン学院をイエズス会に委ねることとした。

カニジオ神父は、イエズス会の良き友であり擁護者であるこの人の願いを断ることができなかった。しかし、人員が足りないこと、また、経済的な見通しは、さらに困難な状況にあることが分かっていた。悩んだ末に、カニジオ神父は総長ライネスに助けを求めた。イエズス会員が到着すると、枢機卿は、大学をイエズス会に委ねたいと言った。カニジオ神父にとって、新たな重荷が降りかかってきたのであった。

イエズス会第2回総会

1565年にディエゴ・ライネス神父が死去し、カニジオ神父はふたたびローマに行った。イエズス会第2回総会はフランシスコ・デ・ボルハ神父を総長に選んだ。

教皇ピオ4世はカニジオ神父を呼び寄せ、長時間にわたって、ドイツの宗教界事情について話合いをした。教皇はドイツの司教たちが、トリエント公会議の決定を実行しないことに不安を覚えていた。教皇はその解決策を提示した。カニジオ神父はそれらを理解した上で、その解決策を緩やかなものにした。カニジオ神父にとって、押し付けるようなことは、最も不適切な方法であった。

ついに、教皇はすべてをペトロ・カニジオ神父の手に委ねた。教皇は全権を持った教皇大使を任命することを希望した。カニジオ神父は総長フランシスコ・デ・ボルハ神父に相談の上、その任務を、肩書き抜きで引き受けることにした。

その任務の遂行を円滑にするために、総長ボルハはカニジオ神父をドイツの3管区の巡察使に任命した。

疲れを知らない旅人

カニジオ神父がドイツに帰ると、慌ただしい旅に巻き込まれた。彼は疲れを休める間もなく、主要な教区を巡り歩いた。

最初に行ったのはアウクスブルクであった。彼の友人である枢機卿トゥルクセスと話し合わなければならなかった。その後、ヴェルツブルク、アシャフェンブルク、マインツに行った。さらにライン川を下ってコブレンツに行った。1565年11月21日にはケルンにおり、その後、彼が愛する町、ナイメーヘンに行った。12月にはミュンスターにおり、その少し後には、オスナブリュックにいた。これらの諸都市ではトリエント公会議の教令を公布したが、その適用に際しては、賢明に動けるような規律をつくった。

アウクスブルク議会

1566年、新教皇、聖ピオ5世はカニジオ神父に対し、アウクスブルク議会の次の会議の準備をし、協力するようにという使命を与えた。会議はフェルディナント王の息子である皇帝マクシミリアン2世が招集した、きわめて大切な会議であった。教皇特使は枢機卿コマンドーネであり、彼はイエズス会員2人を伴って参加した。1人はヘロニモ・ナダル神父である。ナダル神父はイエズス会内外で極めて重要な任務をとり仕切っており、イグナチオの精神をよく理解していたので、「イグナチオの心」という仇名で呼ばれていた。もう1人はディエゴ・レデスマ神父であり、彼はローマ学院で尊敬されていた教授であった。

議会において、ローマにとっての中心事項は、トリエント公会議の受容と公布であった。ペトロ・カニジオ神父はふたたび大聖堂で説教をする任務に就《つ》いた。彼は33回も説教をした。そのうちの幾つかは、皇帝、教皇特使、司祭たちだけでなく、プロテスタント側にも役立つものであった。

議会は3月23日に開会した。皇帝が進めようとしたトルコに対する戦争に関する事項が取り決められた。プロテスタント側が、資金の分担を条件とするようにと希望したが、トリエント公会議はそれに賛同しなかった。さらに彼らは、前回の議会で定められたように、宗教的平和のうちに議会を終わりたいと望んだ。教皇特使とカニジオ神父は素早い措置を講じた。次々と覚書や手紙が教皇に送られ、教皇に対し、あまり重要でない事項については、妥協が必要であると、説得した。カニジオ神父たちの的確な措置によって、良い結果がもたらされた。

歴史家によると、アウクスブルクのこの議会で、プロテスタント側は初めて形勢が不利になった。カトリック側はすべてにおいて有利になったわけではないが、かなりの成果をあげることができた。

管区長の任期終了に向けて

1567年の初めの何か月かの間に、カニジオ神父は、アウクスブルク司教区の司教会議を組織し、それを順調に終わらせるようにという使命を受けた。トリエント公会議の後の最初のドイツの司教会議である。

その少し後、カニジオ神父はヴェルツブルクに旅をした。新しい学院創設のためであった。インスブルックに近いハレの町で、全寮制学校を創立した。

この時期、カニジオ神父はイエズス会の重荷を背負いすぎている目下たちを優しく援助し、多くの人々を元気づけ、すべての人を慰め、道を外れた者を正しい道へと呼び戻すために、全力をあげた。

聖スタニスラオ（1550〜1568年）

カニジオ神父はディリンゲンにおいて、若いポーランド人、スタニスラオの訪問を受けた。

カニジオ神父は若い巡礼者エスタニスラオ・デ・コストカを出迎える

若きポーランド貴族スタニスラオは、ウィーン学院から徒歩で旅をしてきた。彼は自分の希望に反対する家族から逃れてきたのである。スタニスラオはイエズス会に入会したいと思い、正式にその旨を申し入れた。ペトロ・カニジオ神父は彼を受け入れ、彼がどのような心構えでいるか、いろいろと試してみたが、スタニスラオの謙虚さに基づいた判断力を確かめることができた。

カニジオ神父はスタニスラオの召命を確信し、彼の承諾を得たうえで、彼をローマに送った。サン・アンドレア・クイリナーレ修練院で修練期を始めさせるためであった。ローマでは、カニジオ神父の推薦状を読んだイエズス会総長ボルハ神父は、修練院にスタニスラオを受け入れた。ところが、まだ修練期も終えないうちに、スタニスラオは死去してしまったのである。スタニスラオは後に、イエズス会修練者の守護聖人となった。

『マグデブルクの百章』に対する反論

1567年11月、教皇聖ピオ5世は、カニジオ神父とドイツ出身のイエズス会員に対し、クロアチア人フラチウス・イリリクスとその弟子たちの著作に反論するようにと依頼をした。その著書とは『マグデブルクの百章』という13巻からなる書物で、ドイツにおいて次々と出版されていた。イリリクスは教会の歴史を曲解して、現教皇を「反キリスト者」であるかのように紹介していた。彼らは免償その他を認めず、ルターの言う「信仰だけによる義化」を認めていたので、これに対して反論を加える必要があった。さらに教皇はカニジオ神父に対して、司教として教会に奉仕できる人物がいたら、その名前を教えてくれるよう依頼した。

この年、ローマ駐在ドイツ大使が皇帝マクシミリアンに知らせてきたこととは、教皇がペトロ・カニジオ神父を枢機卿に任命したがっているということであった。どうしてそのことが分かったのか。皇帝がカニジオ神父と話し合いをしたかどうか、それは不明である。カニジオ神父がローマに出した手紙には、そのような件について何も述べてはいなかった。

しかし、この件は確かなことである。教皇ピオ5世が生前、直筆で書いた書類に、枢機卿候補の名前が列記してあり、その中にカニジオ神父の名前も記されていた。イエズス会総長フランシスコ・デ・ボルハ神父が、カニジオ神父の枢機卿任命を阻止したのか、その間の事情も不明である。

第6章　最後まで活動しながら観想しつづけた使徒

（1569〜1597年）

1569年、イエズス会総長フランシスコ・デ・ボルハ神父は、カニジオ神父の管区長職を解任した。カニジオ神父はその知らせを喜んで受け止め、総長に心からの感謝の意を表明した手紙を書いた。14年にわたる管区長職は、カニジオ神父にとって非常に重い任務であった。彼は心から職を退きたいと望んでいた。後任にはパウロ・ホッフェイ神父が任命されたが、彼もすばらしい人であった。

今や、カニジオ神父は静かな生活に戻り、彼が愛するドイツの村で、『マグデブルクの百章』反論の仕事や、司牧や、福音宣教の仕事に励むことができる立場になった。

ところが、カニジオ神父は休まない。インスブルックでは勉強をし、説教もし、いろいろなものを書いて、出版した。また管区長の出張に同行し、しばらくの間は、副管区長職も務めた。

ローマの変化

教皇ピオ5世は1572年5月に死去した。後に聖人となったイエズス会総長フランシスコ・デ・ボルハ神父も、同年9月30日に同じく死去した。

カニジオ神父が総会のためにローマに来る前、新教皇グレゴリオ13世はカニジオ神父に、オーストリアの大公、バヴァリア公爵、ザルツブルク大司教を訪問するよう依頼した。その使命の目的とは、ドイツ国全体をカトリック信仰に戻すことに関するものであった。また、皇帝マクシミリアン2世の息子ルドルフについても、同様のことを願っていた。

カニジオ神父が教皇と話をしたことによって、多くの有益なことがあった。グレゴリオ13世は多くの聖職者の養成のために、神学院の創設を推進することを決めた。ローマ学院を土台として、グレゴリアナ大学を創立した。ドイツ学院を増強し、イギリス学院も創設した。

レーゲンスブルク議会にて

1576年、教皇はイギリス人枢機卿ジョン・モロネをレーゲンスブルク議会における教皇特使に、カニジオ神父を神学顧問に任命した。

レーゲンスブルク議会では、カニジオ神父の懇請によって、ドイツ司教区神学院が創設された。司教が全教区を訪問する制度が確立され、司祭の独身制についても明確な規範が定められた。またローマに対し、ドイツ全土に権限をもつ恒久的教皇大使の指名が要請された。

ディリンゲン

カニジオ神父はディリンゲン学院に引退した。ここでは、カニジオ神父の実兄ティエリーが学長を務めていた。カニジオ神父の活動は、宣教と著述の二つに分かれた。著作者としての活動ぶりはすさまじいほどで、念には念を入れ、過剰なほどまでに高い要求水準で、資料や関係書類を追い求め、その後も、自分が書いたものを絶えず見直していた。カニジオ神父に協力するグループが援助をしていたのであるが、それでも、このような闘いの日々を送るうちに、カニジオ神父の健康は次第に蝕《むしば》まれていった。

スイス

1580年、新スイス教皇大使ジョヴァンニ・フランチェスコ・ボンオミニは、フライブルクにイエズス会の学院を創設することを決めた。教皇グレゴリオ13世や枢機卿カルロ・ボロメオの認可も得た。イエズス会員たちはこの命令に従い、カニジオ神父が新しい学院を組織することになった。カニジオ神父は当時、齢《よわい》60歳であり、体力はすでにかなり消耗していた。とこ

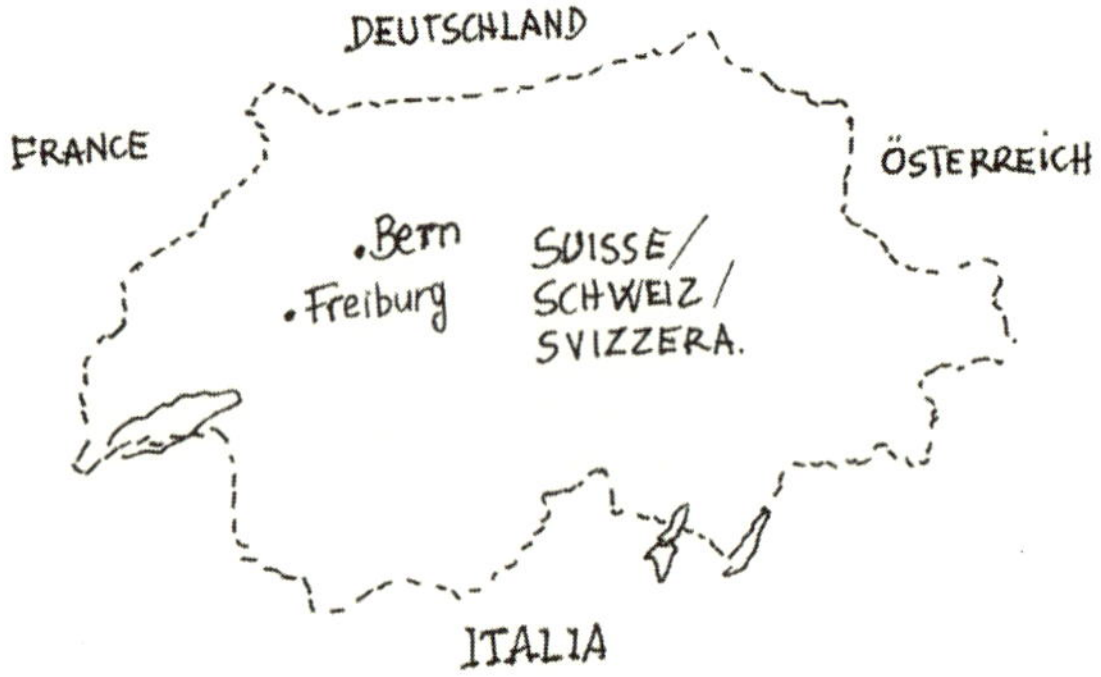

ろが、長上と学長という仕事の他に、大聖堂サン・ニコラスで説教をする任務が加わった。フライブルクの町が非常に危機的な状況に置かれていた時期にあっても、カトリックの信仰を保ち得たのは、カニジオ神父の働きに負うところが多いと言っても過言ではない。

当時、フライブルクの状況は複雑であった。この町は、プロテスタントの住民が多い二つの町に囲まれていた。多くの住民はイエズス会が経営する学院計画に反対しており、それに、イエズス会にはそのような企画を実現するための十分な資金もなかった。しかし、何年も経たないうちに、カニジオ神父は困難を乗りこえて資金を獲得し、場所を選び、すばらしい学院の設立を指導した。こうしてフライブルク大学が実現したのであった。

カニジオ神父はフライブルクに17年間住んだ。絶えず勉強し、祈り、書き、出版し、疲れを知らない働きをした。時間があるときには、近くの村に行って宣教にも熱意を示した。フライブルクのスイス人たちはカニジオ神父のことを聖人のように尊敬した。

カニジオ神父はまた、フライブルクに男性や女性のためのマリア会（今日のCLC：キリスト者共同体）を設立し、聖ミカエル学院には青年のためのマリア会をつくった。これらはすべて社会的宣教活動である。彼は印刷所も設立し、そこでは、聖人たちの伝記、小教理問答、優れた神学論文などの印刷がなされた。

カニジオ神父の死

1591年、カニジオ神父は中風の発作に襲われ、死の淵まで行ったが、幸いにも、回復し、秘書の助けを借りながらも、死の少し前まで、執筆をつづけることができた。1597年12月21日、カニジオ神父は、フライブルクの何人かのイエズス会員とともに、ロザリオを祈った後、突然、喜びと感動のこもった様子で、「聖母様を見てごらん、あそこにおられる、あそこにおられる！」と叫んだかと思うと、息を引き取った。カニジオ神父を天国に運ぶために、聖母マリアが来られたのであった。

時にカニジオ神父76歳であった。

カニジオ神父は1864年、教皇ピオ4世によって、福者にあげられた。教皇レオ13世は1897年、回勅『ドイツの第2の使徒』の中で、カニジオ神父について次のように述べた。「ペトロ・カニジオ神父、すばらしい聖性に恵まれたドイツの使徒ボニファチオの再来」。１９２５年5月21日、教皇ピオ11世はカニジオ神父を列聖した。同じ日、ピオ11世は、特別な措置、すなわち、おそらく、唯一カニジオ神父にだけであろうが、彼に教会博士の称号を与えると宣言した。

教会は12月21日、カニジオ神父を祝福したが、イエズス会が記念したのは4月27日であった。(日本では記念日が4月になったが、これは年末には主のご降誕祭や新年の準備など、さまざまな行事が重なっているためである)。

第7章　カニジオ神父の霊性と著作

聖ペトロ・カニジオの霊性について、教皇ベネディクト16世によると、その特徴とは、「イエスとの親密さ」であると言っている。たとえば、カニジオ神父は1549年9月4日の日記には次のように記している。

「おお、私の救い主よ、あなたはついに、私の眼前に見えるように思われたあなたの聖なる御体《おんからだ》に宿るみ心を私の前に開き、私を招き、あなたの泉から救いの水を飲むようにと言われました」。

その後、救い主は彼に、「平和、愛、辛抱強さ」と言われる三つの部分から成る服を与えられたことが分かった。この服を着て、聖ペトロ・カニジオ神父は、カトリシズム刷新の任務を全うした。カニジオ神父は主イエスに対して親密な愛情を抱いていて、それが彼の人格の中核をなしており、その愛は、聖書の愛、聖体の秘跡、教会の神父の愛をとおして育まれていったものであった。カニジオ神父がイエスに親近感を抱いていたということは、明らかに、彼は自分が教会における使徒の使命の継承者であるという自覚を持っていたということを示している。

小教理問答

本書の表紙にあるように、聖ペトロ・カニジオ神父が手に小教理問答を持ち、子供たちに囲まれている姿は、カニジオ神父らしさを表している。この絵はカニジオ神父の最大の関心事の一つ、すなわち、子供たちにキリスト教を教えることを象徴的に表している。カニジオ神父は文字通りカテキスタになった。彼の主著『キリスト教のまとめ』は、彼の出身国ドイツだけでなく、また彼の時代だけでなく、どこの国でも、いつの時代でも、たいへん評判がよく、カニジオ神父の小教理問答を知ることは、カニジオ神父を知ることと同義語であると言われた。

カニジオ神父と同時代の人で、同じくイエズス会の兄弟であり、聖性においてカニジオ神父と並び称せられた枢機卿、聖ロベルト・ベラルミーノ神父は、カニジオ神父に次のような賛辞を呈している。

「われわれの尊敬する聖カニジオ神父の小さな小教理問答の本のことを、私が知っているとして、もし私が長上から、イタリア語で小教理問答を書くように命じられたとしたら、自分が書く新しい小教理問答には満足できず、カニジオ神父の書いた小教理問答をただ翻訳するだけになるだろう」。

聖ペトロ・カニジオの『小教理問答』は、『シラの書』第1章30節に従い、二つの基本的な考え方、「知恵」と「正義」をめぐって、キリスト教の教えを集中して述べる。「知恵」とは次のことである。（1）信仰を深め、使徒信条を守る。（2）常に希望と安息日（日曜日）の祈りを忘れない。（3）愛徳と十戒を重んじる。（4）教会と秘跡を大切にする。一方「正義」とは、悪をしりぞけ、善いことをなすことから成り立つが、それは次のことを意味する。（1）自分は罪びとであると認識すること。（2）徳性を磨き、善い行いをすること。（3）聖霊の賜物と聖書の助言を大切にすること。最後に「終末論」についての論文で締《し》めくくられている。

巻末の付録として、トリエント公会議の教え、すなわち、「人間の堕罪と義化」について述べられているが、この小教理問答で注目されるのは、最初から最後まで、贖《あがな》い主キリストの思想に貫かれているところである。

教皇たちはカニジオ神父が書いた「小教理問答」を熱心に推薦した。ピオ9世は小勅書の中で、カニジオ神父の列福に際して次のように述べている。

「この小さい本は非常に正確、明晰、簡潔に書かれており、キリスト教の信仰を人々に教えるのに、これほど適切な本は他にない」。

また、教皇レオ13世は、1897年の回勅の中で、次のように言う。

「この著作は確実かつ簡潔であり、良いラテン語で書かれており、教会の神父たちにふさわしい品格のある本である」。

――カニジオ神父は、前述した『マグデブルクの百章』に対して反論をするよう依頼されており、そのためにまず最初にしたことは、次の二つの著作を出版することであった。1冊目は、旧約時代、洗礼者ヨハネの時代、キリストの時代と、それぞれの時代における神のみことばについての注釈であり、2冊目は、『神の母、聖母マリア』であった。

――カニジオ神父はまた、学生用に、『信心の手引き』をも出版した。これは使徒書簡と日曜・祝祭日の聖書箇所を含んだものに、短い注釈をつけたものである。

――『祈りのための小さな本』は、最初、小さな小教理問答といっしょに出版され、「中世ドイツの神秘主義が最後に残した宝石」と言われた。

――『ラテン語の祈りの選集』には、イエスの諸徳についての七つの黙想が含まれている。この小さい本は、トリエント公会議の教皇使節によって用いられ、また、その教えは、聖アロイジオ・ゴンザガの召命を決定的なものとした、とも伝えられている。

――『病人を慰めるための小さな本』は、司祭たち、とくに微妙な司牧に従事する司祭向けのものである。

――『キリスト教の敬虔《けいけん》の指導と訓練』。この本は、聖書の箇所と、プロテスタントの攻撃に反対した教会の聖なる神父たちの文章の選集である。

――『詩篇51、ミゼレーレ（主よ、われを憐れみたまえ）についての敬虔な注釈』。

――『イエズス会員への霊的な講話』この本では修道誓願や、規則などの遵守、その他、年間の祝日などについて書かれている。

――カニジオ神父は若かったとき、尊敬すべきドミニコ会修道者であったヨハネス・タウラーの修徳的・神秘的説教や著作を翻訳した。

――また、アレキサンドリアの大司教であった聖キュリロの出版された全集に付け加えられた同じ聖キュリロの創世記に関する11の論文（その時まで、まだ出版されていなかった）についての本。（書簡、第1〜2巻）。

――引き続いて、カニジオ神父は大聖レオ1世の著作を出版した。大聖レオ1世の著作は削除されたり、偽造されたりしており、それを修正する必要があった。（書簡第I巻）

――『聖ヒエロニムス書簡集』は3分冊になっていたが、カニジオ神父は、エラスムスに対抗するために、これら3冊を1冊にまとめた。

――スイスにおいて、カニジオ神父は、スイスの使徒であった聖ニコラウス・フリューエに関する伝記的な読み物を出版した。彼の黙想記録の詳しい引用や、格言、それに祈りも含まれたものである。また、聖マウリシオ（オランダ独立運動指導者の1人）や、ヴァレ地方で殉教したテバナ軍団の兵士たちについて書いたものも出版した。殉教したテバナ軍団の兵士たちを、聖カニジオの時代にトルコに向かって出発する兵士たちの模範とし、保護者とするようにと提案した。

――最後に聖ペトロ・カニジオの『告白録』を出版したが、これは聖アウグスティヌスの『告白録』を手本としたものである。その後『遺書』と手紙類を出版した。これらは、カニジオ神父自身の来歴のためにも、また年譜としても、彼の霊魂の在り方を知る上でも極めて有用であり、また、彼の時代の出来事や、政治や宗教の動きについて知る上でも、貴重なものである。カニジオ神父の書簡全体を集め、それを出版したことは、市民一般の常識から見ても、文学的にも、教会史におけるすばらしい記念碑であると評価された。

一部の著作家たちは、カニジオ神父のことを「実際的な博士」と呼んだ。それが彼の人となりや著作の特徴である。彼は高邁《こうまい》な思索にふけることはなかった。彼は他の人たちのように「真理を発展させる」ことはなく、彼の教えることは特別な勉学を必要とせず、教会の伝統的な教えだけを人々に伝えたのであって、それ以上でも、それ以下でもない。カニジオ神父が目指したのは、これまでに知られていない新しい考え方を見つけることではなく、すでによく知られているカトリックの真理を守り、それを宣べ伝えることであった。彼は真理そのもののように一徹で、生来備わっている自分の強さを信頼していた。彼は信じるところを明確に表明し、時には弱さのしるしとなる議論や論争に身をゆだねることはなかった。「自分はキリストの使徒であり、それ以外の何者でもない」と信じ、慈しみは堕落を克服する唯一の武器であることをわきまえていた。

「言葉の重みと論証の力をもった中庸は、すべての人が愛し、求めるものです。堕落に対して、怒るのではなく、目を開きましょう」（カニジオ神父はヴィルヘルム・ヴァン・デル・リントへの手紙にこう書いている）。

イエズス会修練者および学生に送った「霊的生活に前進するための忠告」

1. どこにいても、何をしていても、精神の自由を保つこと。
2. 主における喜びを決して失わないこと。
3. すべての事や人との関わりにおいて、熟慮して行うこと。
4. どこにいても神のことを忘れないように。
5. 常に純粋な心で自分の罪をすべて聴罪師に話すように。
6. 自分たちの仕事や目的を、キリストの仕事や目的と一致させること。
7. 喜びをもって度々祈ること。ただし、分別をもって、自分の力を超えないように。
8. 常に自分は何者でもないと悟り、同時に神の慈しみをいつも信頼すること。
9. 自分自身の判断を決して信頼しないように。
10. ごく僅かの物しか持たずに、すべての人に奉仕すること。
11. キリストのために苦しむことを望むように。
12. どのような人にも、どのような物にも囚われることなく、常に自由な心をもつように。
13. 私たちの心を整える聖なる従順を完全に保つように。
14. すべてのことに神のみ旨を探し求め、全力をあげてそれを成し遂げること。

15. 度々聖体拝領にあずかること。ただし、常に最大の尊崇の念をもって、聖体を拝領すること。

16. どのような祈りにおいても、まず、神から数えきれないほどの恩恵を受けていることを悟り、神に感謝すること。

17. 祈りをするときは、どのような祈りであろうとも、たとえば、生きている人、亡くなった人、友人、そして敵に対してさえも、常に愛の気持ちを込めて祈るように（書類41）。

イエスのみ名を用いることについて

カニジオ神父は次のように書いている。

「どうしてイエズス会員と呼ばれる人々がいるのですか。」

すべてのキリスト者が、自分自身でこの名前をつけているのかどうかは分からない。われらについていいえば、人々が、われらのことを褒めようと、けなそうと、または良い意図や悪い意図をもって、自分の好みにより、われらのことを、その人の好みに従って名付けるとき、その人たちの口をふさぐことはできない。善意の人々は、われらが自分たち自身でこの名前をつけたのでもないし、その名前をつけないよう望んだわけでもないことを信じている。そして、分別のある人なら、われらが「イエズス会（イエスの仲間）」と呼ばれることを悪く思うことはないであろう。カトリックの中でも、キリストの仲間とか、神の名の仲間とか、名付けている人が大勢いるのだから。とくにスペインやイタリアではそうである。聖霊会とか、三位一体会とか、幸せな聖母の兄弟会と名乗ったりする。だから、イエズス会という名前は目新しいこと、変なことと考えられるべきではない。われらはこの名前で呼ばれることをうれしく思い、大切にしている。しかしそれは謙遜の気持ちからであって、決してうぬぼれの気持ちからではない。その名前を付けたからといって、誰をも排除しないし、この単純な名前を受け入れ、その中で、すべてのキリスト者は、イエスとの交わりに属する教会の子であることを喜んでいるからである。これについて聖パウロはこのように言っている。「神は真実な方です。この神によって、あなたがたは神の子、わたしたちの主イエス・キリストとの交わりに招き入れられたのです」（一コリント1・9）。また、パウロは次のようにも言っている。

「わたしたちが見、また聞いたことを、あなたがたにも伝えるのは、あなたがたもわたしたちとの交わりを持つようになるためです。わたしたちの交わりは、御父と御子イエス・キリストとの交わりです」（一ヨハネ1・3）。

こうして、前に述べた聖書のみことばが、次のことを明らかにしていることに、誰もが気づくであろう。すなわち、われらのこの名前は、キリスト者と呼ばれる人すべてに共通して当てはまるということである。それではなぜ、われらはこの名前をわがものとしたのだろうか。

1. もしわれらが、ベネディクト、ドミニコ、フランシスコなどという人の名前をつけたとしたら、「わたしはパウロにつく」という言い方を望まなかったパウロに反することになる（一コリント1・12）。

2. この名前をつけたのは、教会とトリエント公会議を統治する最高の司牧者である教皇が、それを望んだからであり（第25会議、c16）、それはこの修道会を他の霊的な人々の中で、よりよく特徴づけ、その信仰をいっそう深めさせるためであった。

3. この名前を使うことによって、われらは神の御名が、われらのせいで、汚されることがなく、主の御名が崇《あが》められるように（マタイ6・9、ルカ11・2）という義務に、いっそう注意を払うようになるからである（イザヤ52・5、ロマ2・24）。

4. キリストの足跡を歩みつづけることができるよう、元気づけられるためである。キリストのみことばを宣教するために、キリストの単純さと愛情を学び、教会を守り、われらが従い、奉仕すべき方、つまり、われらのために、道、真理、生命《いのち》となってくださったキリストのことを度々考え、われらの模範として、われらが死にいたるまで、貞潔、清貧、従順のうちに、キリストに従うためである（ヨハネ13・15、一ペトロ2・21）。このイエスについては、ヘブライ人への手紙の中で次のように述べられている。「こういうわけで、わたしたちもまた、……自分に定められている競争を忍耐強く走り抜こうではありませんか、

カニジオ神父はキリストのみ心に
深い信心を抱いていた

信仰の創始者、また完成者であるイエス……は、御自分の前にある喜びを捨て、……十字架の死を耐え忍」ぶ（ヘブライ12・1〜2）。

キリストのみ心に挨拶《あいさつ》するための朝の祈り

ペトロ・カニジオ神父が詠《よ》んだ美しい祈り。

「優しく、思いやり深く、誠実な愛に満ちたイエス・キリストのみ心よ、私はあなたをほめたたえ、祝福し、賛美し、挨拶《あいさつ》します。今夜じゅう、私を守ってくださったあなたの誠実な加護に対して、感謝を捧げます。そしてあなたはいつも私がほめたたえ、感謝の態度を示し、御父である神に対して行うべきすべてのことを、絶え間なく充足させてくださいました。おお、私の唯一愛する方、あなたに私の心を、春のバラとして捧げます。その魅力は一日じゅう、あなたの視線をうばい、その芳香はあなたの聖なるみ心を楽しませることでしょう。あなたに私の心を盃《さかずき》として捧げます。あなたがご自分の優しさと、また同じ日に、私のうちに作り出してくださる優しさとを合わせ、飲む盃として用いてくださるように。さらに、私の心をあなたの王宮の祝宴にふさわしい、最上の味わいをもつザクロとしてあなたに捧げます。それを召し上っていただければ、あなたの内部で、これからもずっと、幸せを感じていただけることでしょう。

またあなたにお願いします。私の考え、言葉、活動、望みを、どのようなものであれ、あなたの慈しみに溢れたみ旨によって、導いてくださいますように」（書類22）。

イエズス会員のための有名な祈り

「主イエス、イエズス会の体すべてをあなたに委ねます。イエズス会の長上、目下《めした》、健康な者、病人、進歩する者、堕落する者、霊的なこと、世俗的なことを、あなたの御名の栄光のために、全教会の善のために、正しく導いてくださるように。あなたの仲介によって、私たちが全世界で、数においても、功績においても、成長することができますように。私たちが自らの使命を十分に知り、知ったうえでその使命を愛し、その使命の完全なる成就に向かって進み、そうして、われらのイエズス会のすべての階級の会員が、神のためにふさわしく誠実に奉仕することができますように。また、福音書に示される規則や助言を

イエズス会の盾

守り、兄弟愛の絆《きずな》によって一致し、それぞれの管区、学校、宣教地において、経験を積み、自分の任務や職務において、あなたの効力ある祝福を身をもって知ることができますように。われらイエズス会員が、質素に、素朴に、思慮深く、平和のうちに過ごせますように。そして堅固な徳性を追求し、われらの生き方が、あなたの御名と一致するようになり、自分の立てた誓願を、真に立証するものとなりますように。主イエスよ、あなたがこのイエズス会で始められたこと、すなわち、修道的従順、清貧、貞潔については、あなたのお陰で、修道誓願を宣立し、死を迎えるときまで、あなたの助けで、それらのことを守ります。私たちは、イエズス会の兄弟のため、創立者のため、恩人のためだけではなく、死者のためにも、あなたの聖なる憐れみをくださるようお願いいたします」（書類18）。

聖ペトロ・カニジオのすばらしい「キリスト論」の「まとめ」を紹介して、本章を終わりたい。彼のキリスト論は、同時に、キリストへの崇敬と愛の賛歌でもある。

キリストへの賛歌

「イエス・キリスト、アルファであり、オメガであり、始めであり、終わりであり、神の御子であり、人の子であり、世の救い主であり、天地の王であり、すべての被造物の初穂であり、神と人をとりもつ方であり、教会の頭《かしら》であり、すべての聖人の王冠であり、神の小羊であり、良き牧者であり、罪をなだめる方であり、至上の司祭であり、知恵の泉であり、業《わざ》も言葉も偉大で力ある預言者であり、死の中の死であり、地獄の支配者であり、サタンの征服者であり、古くさいユダヤ主義を捨て、異教を滅ぼし、反キリスト者を亡き者とする方、生者と死者の裁判官であり、人の子らの中で、最も美しい方であり、その御顔を天使たちが見ることを切望した方であり、道であり、真理であり、生命《いのち》であり、正義であり、贖《あがな》う方であり、復活であり、慰めであり、われらの喜び、楽しみであり、われらの法律制定者であり、われらの医師であり、われらの魂の休み所であり、聖人中の聖人であり、博士の中の博士であり、第二のアダムであり、隅の角石であり、聖なる建物の最も高い頂きであり、諸徳の根源であり、すべてのものの美しさであり、永遠の救いの再興者であり、目に見えるもの、見えないものの主であり、天使たちが崇拝する方、その前では悪魔たちが震えあがる方、その方の前では、聖人たちが歓呼の声をあげ、不信心な者は恐れる方、法によって知られた方、預言者が告げ知らせた方、使徒たちがその信仰を公言し、福音書の中で描かれた方、殉教者が歓呼のうちに迎え、乙女たちが告げ知らせ、哲学者たちがその存在を認識し、王たちが認め、世界が崇敬をあらわし、天と地がその方について証《あかし》をする方、すべての人の贖《あがな》いのために、ご自分をいけにえとして捧げられ、私たちすべてが救われることを望まれた方、しかし、ご自分の正しい裁きをされるときには、それぞれの人の行いに応じた報いを与える方、根気よく良い行いをした者は、栄光、名誉、不朽の永遠の生命を求めることができ、一方、真理に反抗し、不正義に服従する者には、怒りと憤りが与えられる。われらを力強く罪から守り、喜びを表し、その栄光、すなわち、われらの救い主である唯一の神を前にして汚れがない方に、栄光と気高さ、支配と力は、いまも、何世紀にもわたり、続きますように。アーメン。１５５０年」（書類10）。

おわりに

少し前のこと、私は修道者の生涯について、ある本を読んだのですが、そこで分かったことは、多くの修道者共同体では最近、聖人たちやその功績を描いた伝記や絵などを紹介しながら、古い伝承などを愛惜の念を込めて思い出したりする傾向が強くなってきたと言われています。昔のことを懐かしむ若者や老人のために、聖人たちの物語を語るのです。

一部の人たちは、次のように考えます。つまり、われわれが過去の聖人たちの話をするときには、全く新しい話をつくり出すことに反対するだろう、と。しかし、このような考え方には一考の余地があります。聖ペトロ・カニジオの生涯をたどるのは、単に過去の聖人の思い出を語ることだけではありません。彼の生き方を知ることによって、未来に向かい、われわれに衝撃を与える人として、彼のことを忘れないようにしたいと思うのです。

聖ペトロ・カニジオは、イエス・キリストへの愛、カトリック教会への愛を実践した模範として、また新しい福音宣教に向かうカトリックという船の切っ先に立つ人として、なくてはならない人です。カニジオ神父はイエス・キリストとカトリック教会に、彼の全霊・全力をあげて、奉仕したのです。

聖ペトロ・カニジオは模範的なイエズス会員です。彼は教会を自分の母と思い、その教えを守り、多くの地方、とくにドイツにおいて、宣教に従事しました。同時に、彼は聖イグナチオ・デ・ロヨラ神父の忠実な息子でもあります。カニジオ神父は、行く先々で、まわりにいたイエズス会員に呼びかけて、「イエスの友であり、仲間である」共同体を設立しました。これらの共同体は、疲れを知らずに働き、親切で、思慮深さ、寛大さを旨とする「活動しながら観想する」共同体です。

カニジオ神父は、キリストのみ心に対して深い信心を抱いていたので、前にも述べたように、次のような美しい「朝の祈り」を残しました。「おお、私の唯一愛する方、あなたに私の心を春のバラとして捧げます。その魅力は一日じゅう、あなたの視線をうばい、その芳香はあなたの聖なるみ心を楽しませることでしょう」。

バラの花はドイツを代表する花としてよく知られています。カニジオ神父は両手に赤いバラの花を持っていたと思います。カニジオ神父のように男らしい成熟したイエス・キリストの使徒が、美しい花を愛《め》で、香りを楽しみ、それを主に捧げるという優雅な一面をもっていたところが、好ましく思われるのです。

聖ペトロ・カニジオが私たちを勇気づけ、教会の内外において、われわれがキリストの弟子として、キリストの証し人となれるよう、力を与えてくれますように。

なお、本書の刊行に際しては、作道宗三神父様と、田渕文男神父様から数々の貴重なご教示をいただきました。ここにお二方に対し、心からの感謝を捧げます。ありがとうございました。

２０１４年４月27日　聖ペトロ・カニジオ神父の祝日に

ホアン・Ｖ・カトレットＳＪ

文献

ペトロ・カニジオ神父の著作

—— Summa doctrinae christianae (Vienna,1555)

—— Summa doctrinae christianae per quaestiones tradita et ad captum Rudiorum accomodata (Ingolstad, 1556).

—— Catechismus minor seu parvus catechismus Catholicorum (Vienna, 1558).

—— Institutiones et exercitamenta christianae pietatis (Amberes, 1566).

—— Epistulae et Evangelia quae Dominicis et Festis diebus in templis recitantur (Dilinga, 1570).

—— Commentatiorum de Verbi Dei corruptelis liber primus, in quo de Ioannis Baptistae historia evangelica pertractatur (Dilinga 1571).

—— De Maria Virgine (Ingolstad, 1577).

—— Exhortationes domesticae (Roermond, 1876).

—— Beati Petri Canisii Societatis Jesu epistulae et acta (Friburgo, 1896-1923).

—— Autobiografía y otros Escritos, Colección Manresa 31,Mensajero-Sal Terrae, Bilbao 2004.

ペトロ・カニジオ神父に関する記事

―― Allende Salazar, R., S.Pedro Canisio, Sevilla 1925,

―― Bendt, Rainer (ed.), Petrus Canisius, S.J., Humanist und Europäer, Akademie Verlag,Berlin 2000.

―― Brodrick, J., S.J., Saint Peter Canisius, Loyola Univ. Press, Chicago 1962.

―― Dorigny, U., La vie du Réverend Pére Pierre Canisius de la Compagnie de Jesús, Aviñó 1829.

―― García R., Vida del beato Pedro Canisio,Madrid 1865,

―― Metzler J., San Pedro Canisio de la Compañía de Jesús, segundo apóstol de Alemania, Madrid 1925.

著者　ホアン・カトレット S.J.（Juan Catret）

1937 年　スペイン、バレンシアに生まれる
1954 年　イエズス会に入会
1961 年　セイント・スタニスラス・カレッジ（アイルランド）哲学修士
　　　　課程修了
1962 年　来日
1968 年　上智大学大学院神学課程専攻修士課程修了
1969 年　司祭叙階
1975 年　ローマ・グレゴリアン大学で神学博士の学位を受ける
　　　　広島イエズス会修練院司祭、エリザベト音楽大学教授を経て、
　　　　現在、東京石神井のイエズス会修道院 修練長補佐
著書　『十字架の聖ヨハネの信仰の道』『ロヨラの聖イグナチオの霊性』
　　『マリアのたとえ話』（新世社）、『ヘロニモ・ナダル神父の生涯』
　　『薩摩のベルナルドの生涯』『ホアン・デ・ポランコ神父』『ヤン・
　　ローターン神父の生涯』『ペドロ・デ・リバデネイラ神父の生涯』
　　『イグナチオの心を悩ませた２人の仲間』（教友社）他多数。

訳者　高橋敦子（たかはし・あつこ）

1952 年　東京女子大学文学部哲学科卒業
訳書　『聖イグナチオ・デ・ロヨラの道』『イエズス会の歴史』（新世社）、
　　『ヘロニモ・ナダル神父の生涯』『薩摩のベルナルドの生涯』『ホアン
　　・デ・ポランコ神父』『ヤン・ローターン神父の生涯』『ペドロ・
　　デ・リバデネイラ神父の生涯』『イグナチオの心を悩ませた２人
　　の仲間』（教友社）他多数。

挿画　ホセ・マリア・カトレット（José M.Catret）

Opus, cui titulus est : ドイツの使徒　聖ペトロ・カニジオの生涯
Auctore　ホアン・カトレット

IMPRIMI POTEST
Tokyo, die August 7, 2015
梶山義夫　KAJIYAMA YOSHIO

ドイツの使徒
聖ペトロ・カニジオの生涯

発行日………2016年4月27日 初版

著　者………ホアン・カトレット
訳　者………髙橋敦子
発行者………阿部川直樹
発行所………有限会社 教友社
275-0017 千葉県習志野市藤崎6－15－14
TEL047 (403) 4818　FAX047 (403) 4819
URL http://www.kyoyusha.com
印刷所………株式会社シナノパブリッシングプレス

ISBN978-4-907991-22-7　C3016